Die kreative Haferflockenküche: über 100 köstliche Rezepte für Genuss und Gesundheit

Inhaltsverzeichnis:

Einleitung:

Herzlich willkommen zu "Die kreative Haferflockenküche: über 100 köstliche Rezepte für Genuss und Gesundheit!

Dieses Buch ist eine Hommage an die bescheidene, aber vielseitige Haferflocke, die in der Küche oft unterschätzt wird. Haferflocken sind nicht nur ein einfaches Frühstücksgericht; sie können zu einer Fülle von köstlichen und gesunden Gerichten führen, die alle Sinne ansprechen.

In den folgenden Seiten werde ich Sie auf eine kulinarische Reise mitnehmen, bei der Haferflocken die Hauptrolle spielen. Von herzhaften Mittagessen über kreative Snacks bis hin zu verführerischen Desserts – dieses Buch ist randvoll mit inspirierenden Rezepten, die Sie dazu bringen werden, Haferflocken in einem ganz neuen Licht zu sehen.

Warum Haferflocken?

Haferflocken sind nicht nur erschwinglich und leicht verfügbar, sondern auch vollgepackt mit Nährstoffen. Sie sind eine hervorragende Quelle für Ballaststoffe, Proteine und komplexe Kohlenhydrate. Ihre Fähigkeit, den Blutzuckerspiegel zu regulieren und ein lang anhaltendes Sättigungsgefühl zu bieten, macht sie zu einem idealen Bestandteil einer ausgewogenen Ernährung. Darüber hinaus sind Haferflocken reich an wichtigen Vitaminen und Mineralstoffen wie Eisen, Magnesium und Vitamin B. Ihre gesundheitlichen Vorteile reichen von der Unterstützung der Herzgesundheit bis zur Förderung einer stabilen Verdauung.

Die Vielseitigkeit von Haferflocken:

Haferflocken sind wie eine leere Leinwand in der Küche – sie bieten die Möglichkeit, kreativ zu werden und eine Fülle von Aromen und Texturen zu entdecken. Von süßen Frühstücksvariationen bis hin zu pikanten Abendessen haben Haferflocken das Potenzial, jede Mahlzeit aufzuwerten.

In diesem Buch werden Sie nicht nur traditionelle Haferbreis kennenlernen, sondern auch lernen, wie Haferflocken in Pfannkuchen, Suppen, Aufläufen und sogar Desserts verwandelt werden können. Die Rezepte sind so konzipiert, dass sie leicht in Ihren Alltag integriert werden können – sei es für die morgendliche Eile oder für gemütliche Abende mit Familie und Freunden.

Ein Hauch von Kreativität:

Die Rezepte, die Sie in diesem Buch finden, sind das Ergebnis von Experimenten und Leidenschaft für die Kochkunst. Hier geht es nicht nur ums Essen, sondern auch um den Spaß und die Freude am Kreieren von Speisen, die sowohl köstlich als auch nahrhaft sind. Ich lade Sie ein, Ihre Küche mit Haferflocken zu einem Ort der Inspiration zu machen. Lassen Sie sich von den Rezepten in diesem Buch dazu ermutigen, Ihrer Kreativität freien Lauf zu lassen und die vielfältigen Möglichkeiten von Haferflocken zu entdecken.

Bereit, die Haferflockenrevolution zu starten? Tauchen Sie ein und lassen Sie sich von "Die kreative

Haferflockenküche" zu neuen kulinarischen Höhen führe

Kapitel 1: Der perfekte Start in den Tag

1. Klassische Haferflocken mit Früchten

Zutaten:

- 1 Tasse Haferflocken
- 2 Tassen Milch (oder pflanzliche Milchalternative)
- 1 Banane, in Scheiben geschnitten
- Handvoll frische Beeren (z.B. Erdbeeren, Blaubeeren)

Anleitung:

1. Die Haferflocken in Milch kochen, bis sie die gewünschte Konsistenz erreicht haben.

2. In eine Schüssel geben und mit Bananenscheiben und frischen Beeren garnieren.

2. Apfel-Zimt Haferflockenpfannkuchen

Zutaten:

- 1 Tasse Hafermehl
- 1 TL Backpulver
- 1 TL Zimt
- 1 Tasse Milch (oder pflanzliche Milchalternative)
- 1 Ei
- 1 Apfel, gerieben

Anleitung:

1. Hafermehl, Backpulver und Zimt vermengen.
2. Milch, Ei und geriebenen Apfel hinzufügen und zu einem Teig verrühren.
3. Portionsweise in einer Pfanne zu Pfannkuchen backen.

3. Grüne Smoothie-Bowl mit Haferflocken

Zutaten:

- 1 Handvoll frischer Spinat
- 1 Banane
- 1/2 Avocado
- 1/2 Tasse Haferflocken
- 1 Tasse Wasser oder Kokoswasser

Anleitung:

1. Alle Zutaten in einem Mixer pürieren, bis eine glatte Konsistenz entsteht.

2. In eine Schüssel geben und nach Belieben mit Toppings wie Kokosraspeln und Nüssen garnieren.

4. Beeren-Joghurt Haferflocken Parfait

Zutaten:

- 1 Tasse griechischer Joghurt (oder pflanzliche Joghurtalternative)

- 1/2 Tasse Haferflocken

- 1 Tasse gemischte Beeren (Himbeeren, Brombeeren, Heidelbeeren)

- Honig oder Ahornsirup nach Geschmack

Anleitung:

1. Schichten Sie abwechselnd Joghurt, Haferflocken und Beeren in einem Glas.

2. Mit Honig oder Ahornsirup garnieren.

5. Nussige Bananen-Haferflocken-Muffins

Zutaten:

- 1 Tasse Haferflocken
- 2 reife Bananen, zerdrückt
- 1/2 Tasse gehackte Nüsse (z.B. Walnüsse oder Mandeln)
- 1/4 Tasse Honig oder Ahornsirup
- 1 TL Backpulver
- 1 TL Vanilleextrakt
- 2 Eier

Anleitung:

1. Haferflocken, Bananen, Nüsse, Honig, Backpulver, Vanilleextrakt und Eier vermengen.

2. Den Teig in Muffinförmchen gießen und bei 180 Grad Celsius etwa 20 Minuten backen.

6. Kokos-Chia-Pudding mit Haferflocken

Zutaten:

- 1/4 Tasse Haferflocken
- 2 EL Chiasamen
- 1 Tasse Kokosmilch
- 1 EL Honig oder Ahornsirup
- Frisches Obst zur Garnierung

Anleitung:

1. Haferflocken, Chiasamen, Kokosmilch und Süßungsmittel vermengen.
2. Über Nacht im Kühlschrank quellen lassen.
3. Mit frischem Obst garnieren vor dem Servieren.

7. Haferflocken-Ei-Muffins mit Gemüse

Zutaten:

- 1 Tasse Haferflocken
- 4 Eier
- 1/2 Tasse geriebener Käse
- Gemüse nach Wahl (z.B. Paprika, Spinat, Tomaten)
- Salz und Pfeffer nach Geschmack

Anleitung:

1. Haferflocken, Eier, Käse und Gemüse vermengen.
2. Die Mischung in Muffinförmchen gießen und bei 180 Grad Celsius ca. 15-20 Minuten backen.

8. Schoko-Banane Haferflocken-Smoothie

Zutaten:

- 1/2 Tasse Haferflocken
- 1 reife Banane
- 2 EL Kakaopulver
- 1 Tasse Milch (oder pflanzliche Milchalternative)
- Eiswürfel nach Belieben

Anleitung:

1. Alle Zutaten in einem Mixer pürieren, bis eine glatte Konsistenz entsteht.
2. In einem Glas mit Eiswürfeln servieren.

9. Haferflocken-Ricotta-Pfannkuchen mit Himbeersoße

Zutaten:

- 1/2 Tasse Hafermehl
- 1/2 Tasse Ricotta-Käse
- 2 Eier
- 1 TL Backpulver
- Himbeeren für die Soße

Anleitung:

1. Hafermehl, Ricotta, Eier und Backpulver vermengen.

2. Portionsweise in einer Pfanne zu Pfannkuchen backen.

3. Himbeeren pürieren und als Soße über die Pfannkuchen geben.

10. Bircher-Müsli mit Joghurt und Früchten

Zutaten:

- 1 Tasse Haferflocken
- 1 Tasse griechischer Joghurt
- 1 Apfel, geraspelt
- 1 Handvoll gemischte Nüsse (z.B. Mandeln, Walnüsse)
- Honig oder Ahornsirup nach Geschmack
- Frische Beeren zur Garnierung

Anleitung:

1. Haferflocken, Joghurt, geriebenen Apfel, Nüsse und Süßungsmittel vermengen.

2. Über Nacht im Kühlschrank ziehen lassen.

3. Mit frischen Beeren garnieren vor dem Servieren.

11. Vanille-Chia-Haferpudding

Zutaten:

- 1/2 Tasse Haferflocken
- 2 EL Chiasamen
- 1 Tasse Mandelmilch
- 1 TL Vanilleextrakt
- Frische Früchte zur Garnierung

Anleitung:

1. Haferflocken, Chiasamen, Mandelmilch und Vanilleextrakt vermengen.
2. Über Nacht im Kühlschrank quellen lassen.
3. Mit frischen Früchten garnieren und genießen.

12. Haferflocken-Blaubeer-Pancakes

Zutaten:

- 1 Tasse Haferflocken
- 1/2 Tasse Blaubeeren
- 1 Ei
- 1 TL Backpulver
- 1 TL Honig
- Milch nach Bedarf

Anleitung:

1. Haferflocken, Blaubeeren, Ei, Backpulver und Honig vermengen.
2. Nach Bedarf Milch hinzufügen, um einen Teig zu bilden.
3. Portionsweise in einer Pfanne zu Pancakes backen.

13. Haferflocken-Avocado-Toast

Zutaten:

- 2 Scheiben Vollkornbrot
- 1 reife Avocado
- 1/2 Tasse Haferflocken
- Salz und Pfeffer nach Geschmack
- Zitronensaft

Anleitung:

1. Avocado auf dem Brot verteilen und mit Haferflocken bestreuen.

2. Mit Salz, Pfeffer und einem Spritzer Zitronensaft würzen.

14. Haferflocken-Joghurt-Frucht Smoothie

Zutaten:

- 1/2 Tasse Haferflocken
- 1 Tasse Naturjoghurt
- 1 Tasse gemischte Früchte (z.B. Ananas, Mango, Beeren)
- Honig nach Geschmack
- Eiswürfel nach Belieben

Anleitung:

1. Alle Zutaten in einem Mixer pürieren, bis eine glatte Konsistenz entsteht.
2. In einem Glas mit Eiswürfeln servieren.

15. Zimt-Rosinen Haferflockenbrötchen

Zutaten:

- 1 Tasse Haferflocken
- 1/2 Tasse Rosinen
- 1 TL Zimt
- 1 Tasse Joghurt
- 1 TL Backpulver

Anleitung:

1. Haferflocken, Rosinen, Zimt, Joghurt und Backpulver vermengen.

2. Den Teig zu Brötchen formen und im Ofen bei 180 Grad Celsius etwa 15-20 Minuten backen.

16. Apfel-Zimt Haferflocken-Waffeln

Zutaten:

- 1 Tasse Haferflocken
- 1 Apfel, gerieben
- 1 TL Zimt
- 1 TL Backpulver
- 1 Ei
- 1 Tasse Milch (oder pflanzliche Milchalternative)

Anleitung:

1. Haferflocken, geriebenen Apfel, Zimt, Backpulver, Ei und Milch vermengen.
2. Den Teig in einem Waffeleisen goldbraun backen.

17. Haferflocken-Erdnussbutter-Bananen Smoothie-Bowl

Zutaten:

- 1/2 Tasse Haferflocken
- 2 Bananen
- 2 EL Erdnussbutter
- 1 Tasse Mandelmilch
- Toppings nach Wahl (z.B. gehackte Nüsse, Bananenscheiben)

Anleitung:

1. Alle Zutaten in einem Mixer pürieren, bis eine cremige Konsistenz entsteht.
2. In einer Schüssel anrichten und mit gewünschten Toppings garnieren.

18. Haferflocken-Avocado-Smoothie mit Beeren

Zutaten:

- 1/2 Tasse Haferflocken
- 1/2 Avocado
- 1 Tasse gemischte Beeren (Himbeeren, Blaubeeren)
- 1 Tasse Kokoswasser
- Honig oder Ahornsirup nach Geschmack

Anleitung:

1. Alle Zutaten in einem Mixer pürieren, bis eine glatte Konsistenz entsteht.

2. Mit Honig oder Ahornsirup süßen und in einem Glas servieren.

19. Griechischer Joghurt-Haferflocken-Kuchen

Zutaten:

- 1 Tasse Haferflocken
- 1 Tasse griechischer Joghurt
- 1/2 Tasse Honig
- 1 TL Backpulver
- 2 Eier
- Vanilleextrakt nach Geschmack

Anleitung:

1. Haferflocken, Joghurt, Honig, Backpulver, Eier und Vanilleextrakt vermengen.
2. Den Teig in eine Backform geben und bei 180 Grad Celsius etwa 25-30 Minuten backen.

20. Haferflocken-Ricotta-Crêpes mit Orangensirup

Zutaten:

- 1/2 Tasse Hafermehl
- 1/2 Tasse Ricotta-Käse
- 2 Eier
- 1 TL Backpulver
- Orangensaft für den Sirup
- Orangenzesten zur Garnierung

Anleitung:

1. Hafermehl, Ricotta, Eier und Backpulver vermengen.
2. Portionsweise in einer Pfanne zu Crêpes backen.
3. Orangensaft zu einem Sirup reduzieren und über die Crêpes gießen. Mit Orangenzesten garnieren.

21. Kokos-Haferflocken-Energieriegel

Zutaten:

- 1 Tasse Haferflocken
- 1/2 Tasse Kokosraspeln
- 1/4 Tasse Honig
- 1/4 Tasse geschmolzenes Kokosöl
- 1 TL Vanilleextrakt
- Eine Prise Salz

Anleitung:

1. Alle Zutaten gut vermengen und in eine rechteckige Form pressen.

2. Im Kühlschrank fest werden lassen und in Riegel schneiden.

Kapitel 3: Snacks für Zwischendurch

22. Haferflocken-Energiebällchen mit Datteln und Nüssen

Zutaten:

- 1 Tasse Haferflocken

- 1/2 Tasse entkernte Datteln, eingeweicht

- 1/2 Tasse gemischte Nüsse (z.B. Mandeln, Walnüsse)

- 1 TL Kokosöl

- Eine Prise Salz

- Kokosraspeln zum Rollen

Anleitung:

1. Haferflocken, Datteln, Nüsse, Kokosöl und Salz in einem Mixer zu einer klebrigen Masse verarbeiten.

2. Kleine Bällchen formen und in Kokosraspeln wälzen.

23. Herzhaftes Haferflocken-Käsegebäck

Zutaten:

- 1 Tasse Haferflocken
- 1 Tasse geriebener Käse (z.B. Cheddar)
- 1/4 Tasse geschmolzenes Butter
- 1 TL Backpulver
- 1/2 TL Knoblauchpulver
- 1 TL getrocknete Kräuter (z.B. Thymian, Rosmarin)

Anleitung:

1. Haferflocken, Käse, geschmolzene Butter, Backpulver, Knoblauchpulver und Kräuter vermengen.

2. Den Teig ausrollen, in Formen schneiden und bei 180 Grad Celsius etwa 15 Minuten backen.

24. Haferflocken-Apfel-Chia-Riegel

Zutaten:

- 1 Tasse Haferflocken
- 1/2 Tasse Apfelmus
- 2 EL Chiasamen
- 1/4 Tasse Honig oder Ahornsirup
- 1 TL Zimt
- Eine Prise Salz

Anleitung:

1. Haferflocken, Apfelmus, Chiasamen, Honig, Zimt und Salz vermengen.

2. Die Mischung in eine Form drücken und im Kühlschrank fest werden lassen.

25. Haferflocken-Schokoladen-Kokosnuss-Energiebälle

Zutaten:

- 1 Tasse Haferflocken
- 1/2 Tasse Kokosraspeln
- 1/4 Tasse Honig
- 1/4 Tasse geschmolzenes Kokosöl
- 2 EL ungesüßter Kakao
- Eine Prise Salz

Anleitung:

1. Alle Zutaten vermengen und kleine Bällchen formen.

2. Im Kühlschrank fest werden lassen.

26. Pikanter Haferflocken-Curry-Cracker

Zutaten:

- 1 Tasse Haferflocken
- 1/4 Tasse Olivenöl
- 1 TL Currypulver
- 1/2 TL Paprikapulver
- Eine Prise Salz

Anleitung:

1. Haferflocken, Olivenöl, Currypulver, Paprikapulver und Salz vermengen.
2. Den Teig dünn ausrollen, in Quadrate schneiden und bei 180 Grad Celsius etwa 10 Minuten backen.

27. Haferflocken-Banane-Walnuss-Muffins

Zutaten:

- 1 Tasse Haferflocken
- 2 reife Bananen, zerdrückt
- 1/2 Tasse gehackte Walnüsse
- 1/4 Tasse Honig
- 2 Eier
- 1 TL Backpulver

Anleitung:

1. Haferflocken, zerdrückte Bananen, Walnüsse, Honig, Eier und Backpulver vermengen.

2. Den Teig in Muffinförmchen füllen und bei 180 Grad Celsius etwa 20 Minuten backen.

28. Haferflocken-Aprikosen-Energiebällchen

Zutaten:

- 1 Tasse Haferflocken
- 1/2 Tasse getrocknete Aprikosen, eingeweicht
- 1/4 Tasse Mandelbutter
- 1/4 Tasse Honig
- Eine Prise Salz
- Gehackte Mandeln zum Rollen

Anleitung:

1. Haferflocken, eingeweichte Aprikosen, Mandelbutter, Honig und Salz im Mixer vermengen.

2. Kleine Bällchen formen und in gehackten Mandeln wälzen.

29. Haferflocken-Joghurt-Dip mit Gemüsesticks

Zutaten:

- 1/2 Tasse Haferflocken

- 1 Tasse griechischer Joghurt

- 1 TL Dijon-Senf

- Gemüsesticks nach Wahl (z.B. Karotten, Gurken, Paprika)

Anleitung:

1. Haferflocken in einer Pfanne rösten, bis sie goldbraun sind.

2. Haferflocken mit Joghurt und Senf vermengen.

3. Mit Gemüsesticks servieren.

30. Haferflocken-Kokosnuss-Bananen-Chia-Pudding

Zutaten:

- 1/2 Tasse Haferflocken
- 1 Tasse Kokosmilch
- 1 reife Banane, zerdrückt
- 2 EL Chiasamen
- Kokosraspeln zur Garnierung

Anleitung:

1. Alle Zutaten vermengen und über Nacht im Kühlschrank quellen lassen.
2. Mit Kokosraspeln garnieren und genießen.

31. Haferflocken-Cranberry-Mandel-Energiebällchen

Zutaten:

- 1 Tasse Haferflocken
- 1/2 Tasse getrocknete Cranberries
- 1/4 Tasse Mandeln, grob gehackt
- 2 EL Honig
- 1/4 Tasse Mandelbutter
- Eine Prise Salz

Anleitung:

1. Alle Zutaten in einer Küchenmaschine vermengen.
2. Kleine Bällchen formen und im Kühlschrank fest werden lassen.

32. Haferflocken-Sesam-Cracker mit Hummus

Zutaten:

- 1 Tasse Haferflocken
- 1/4 Tasse Sesamsamen
- 1 TL Olivenöl
- 1 TL Paprikapulver
- Eine Prise Salz
- Hummus zum Dippen

Anleitung:

1. Haferflocken, Sesamsamen, Olivenöl, Paprikapulver und Salz vermengen.
2. Den Teig dünn ausrollen, in Quadrate schneiden und bei 180 Grad Celsius etwa 15 Minuten backen.
3. Mit Hummus servieren.

33. Haferflocken-Pistazien-Dattel-Energiebällchen

Zutaten:

- 1 Tasse Haferflocken
- 1/2 Tasse entkernte Datteln, eingeweicht
- 1/4 Tasse Pistazien, grob gehackt
- 2 EL Honig
- 1 TL Zitronensaft
- Eine Prise Salz

Anleitung:

1. Haferflocken, eingeweichte Datteln, Pistazien, Honig, Zitronensaft und Salz im Mixer vermengen.
2. Kleine Bällchen formen und im Kühlschrank fest werden lassen.

34. Haferflocken-Cheddar-Käse-Cracker

Zutaten:

- 1 Tasse Haferflocken
- 1 Tasse geriebener Cheddar-Käse
- 1/4 Tasse geschmolzenes Butter
- 1 TL Paprikapulver
- Eine Prise Salz

Anleitung:

1. Haferflocken, geriebenen Käse, geschmolzene Butter, Paprikapulver und Salz vermengen.

2. Den Teig dünn ausrollen, in Quadrate schneiden und bei 180 Grad Celsius etwa 10 Minuten backen.

35. Haferflocken-Erdnussbutter-Schoko-Riegel

Zutaten:

- 1 Tasse Haferflocken
- 1/2 Tasse Erdnussbutter
- 1/4 Tasse Honig
- 1/4 Tasse ungesüßtes Kakaopulver
- Eine Prise Salz

Anleitung:

1. Haferflocken, Erdnussbutter, Honig, Kakaopulver und Salz vermengen.
2. Die Mischung in eine Form drücken und im Kühlschrank fest werden lassen.

36. Haferflocken-Zimt-Rosinen-Muffins

Zutaten:

- 1 Tasse Haferflocken
- 1/2 Tasse Rosinen
- 1 TL Zimt
- 1 TL Backpulver
- 1/2 Tasse Milch (oder pflanzliche Milchalternative)
- 1 Ei

Anleitung:

1. Haferflocken, Rosinen, Zimt, Backpulver, Milch und Ei vermengen.

2. Den Teig in Muffinförmchen füllen und bei 180 Grad Celsius etwa 20 Minuten backen.

37. Haferflocken-Mango-Kokosnuss-Energiebällchen

Zutaten:

- 1 Tasse Haferflocken
- 1/2 Tasse getrocknete Mango, gewürfelt
- 1/4 Tasse Kokosraspeln
- 2 EL Honig
- 1/4 Tasse Cashewnüsse, grob gehackt
- Eine Prise Salz

Anleitung:

1. Alle Zutaten in einem Mixer vermengen.
2. Kleine Bällchen formen und im Kühlschrank fest werden lassen.

38. Herzhafte Haferflocken-Tomaten-Kräcker

Zutaten:

- 1 Tasse Haferflocken
- 1/4 Tasse Olivenöl
- 1 TL getrocknete italienische Kräuter
- Eine Prise Salz
- 1/4 Tasse Tomatenmark

Anleitung:

1. Haferflocken, Olivenöl, Kräuter und Salz vermengen.
2. Den Teig dünn ausrollen, in Quadrate schneiden und bei 180 Grad Celsius etwa 12-15 Minuten backen.
3. Mit Tomatenmark bestreichen.

39. Haferflocken-Cashew-Karamell-Riegel

Zutaten:

- 1 Tasse Haferflocken
- 1/2 Tasse Cashewnüsse, grob gehackt
- 1/4 Tasse geschmolzenes Kokosöl
- 1/4 Tasse Ahornsirup
- 1 TL Vanilleextrakt
- Eine Prise Salz

Anleitung:

1. Alle Zutaten vermengen und in eine Form drücken.
2. Im Kühlschrank fest werden lassen und in Riegel schneiden.

40. Haferflocken-Brokkoli-Cheddar-Muffins

Zutaten:

- 1 Tasse Haferflocken
- 1 Tasse geriebener Cheddar-Käse
- 1/2 Tasse gekochter und zerkleinerter Brokkoli
- 1 TL Backpulver
- 1/2 Tasse Milch (oder pflanzliche Milchalternative)
- 2 Eier

Anleitung:

1. Haferflocken, Cheddar-Käse, Brokkoli, Backpulver, Milch und Eier vermengen.

2. Den Teig in Muffinförmchen füllen und bei 180 Grad Celsius etwa 20 Minuten backen.

41. Haferflocken-Schokoladenkekse mit Walnüssen

Zutaten:

- 1 Tasse Haferflocken
- 1/2 Tasse Mehl
- 1/2 Tasse Butter, weich
- 1/2 Tasse brauner Zucker
- 1 Ei
- 1 TL Vanilleextrakt
- 1/2 Tasse gehackte Walnüsse
- 1/2 Tasse Schokoladenstückchen

Anleitung:

1. Haferflocken, Mehl, Butter, braunen Zucker, Ei und Vanilleextrakt vermengen.
2. Walnüsse und Schokoladenstückchen unterheben.
3. Teig zu Kugeln formen, auf ein Backblech setzen und bei 180 Grad Celsius etwa 10-12 Minuten backen.

42. Haferflocken-Blaubeer-Muffins

Zutaten:

- 1 Tasse Haferflocken
- 1 Tasse Vollkornmehl
- 1 TL Backpulver
- 1/2 Tasse Honig
- 1/2 Tasse griechischer Joghurt
- 1 Ei
- 1/2 Tasse Blaubeeren

Anleitung:

1. Haferflocken, Vollkornmehl, Backpulver, Honig, Joghurt und Ei vermengen.
2. Blaubeeren unterheben.
3. Teig in Muffinförmchen füllen und bei 180 Grad Celsius etwa 20 Minuten backen.

43. Haferflocken-Apfel-Zimt-Snackriegel

Zutaten:

- 1 Tasse Haferflocken
- 1 Tasse getrocknete Äpfel, fein gehackt
- 1/2 Tasse Mandelbutter
- 1/4 Tasse Honig
- 1 TL Zimt
- Eine Prise Salz

Anleitung:

1. Haferflocken, getrocknete Äpfel, Mandelbutter, Honig, Zimt und Salz vermengen.

2. Die Mischung in eine Form drücken und im Kühlschrank fest werden lassen.

44. Haferflocken-Pfirsich-Crumble

Zutaten:

- 3 Tassen frische Pfirsiche, in Scheiben geschnitten
- 1 Tasse Haferflocken
- 1/2 Tasse Mehl
- 1/2 Tasse brauner Zucker
- 1/2 Tasse geschmolzene Butter
- 1 TL Zimt

Anleitung:

1. Pfirsiche in eine Backform geben.
2. Haferflocken, Mehl, braunen Zucker, geschmolzene Butter und Zimt vermengen.
3. Die Mischung über die Pfirsiche streuen und bei 180 Grad Celsius etwa 30 Minuten backen.

45. Haferflocken-Vanillepudding mit Beeren

Zutaten:

- 1/2 Tasse Haferflocken
- 2 Tassen Milch (oder pflanzliche Milchalternative)
- 1/4 Tasse Honig
- 1 TL Vanilleextrakt
- Frische Beeren zur Garnierung

Anleitung:

1. Haferflocken und Milch in einem Topf köcheln lassen, bis die Haferflocken weich sind.
2. Honig und Vanilleextrakt unterrühren.
3. Den Pudding in Schüsseln geben und mit frischen Beeren garnieren.

46. Haferflocken-Mango-Smoothie-Bowl

Zutaten:

- 1/2 Tasse Haferflocken
- 1 Tasse gefrorene Mangostücke
- 1/2 Tasse Mandelmilch
- Honig nach Geschmack
- Toppings nach Wahl (z.B. Kokosraspeln, Chiasamen)

Anleitung:

1. Haferflocken, gefrorene Mangostücke und Mandelmilch in einem Mixer pürieren.
2. Mit Honig süßen und in einer Schüssel anrichten.
3. Mit gewünschten Toppings garnieren.

47. Haferflocken-Bananen-Nussbrot

Zutaten:

- 2 reife Bananen, zerdrückt

- 2 Tassen Haferflocken

- 1/2 Tasse Nüsse (z.B. Walnüsse, Mandeln), grob gehackt

- 1/4 Tasse Honig

- 1 TL Backpulver

- 1 TL Zimt

Anleitung:

1. Bananen, Haferflocken, Nüsse, Honig, Backpulver und Zimt vermengen.

2. Den Teig in eine Backform geben und bei 180 Grad Celsius etwa 25-30 Minuten backen.

48. Haferflocken-Joghurt-Mousse mit Himbeersoße

Zutaten:

- 1/2 Tasse Haferflocken
- 1 Tasse griechischer Joghurt
- 2 EL Honig
- 1 TL Vanilleextrakt
- Frische Himbeeren für die Soße

Anleitung:

1. Haferflocken in einer Pfanne rösten, bis sie goldbraun sind.
2. Griechischen Joghurt, Honig und Vanilleextrakt vermengen.
3. Die Mousse in Gläser füllen und mit Himbeersoße garnieren.

49. Haferflocken-Amaranth-Energiebällchen

Zutaten:

- 1 Tasse Haferflocken
- 1/2 Tasse Amaranth
- 1/4 Tasse Honig
- 1/4 Tasse Mandelbutter
- 1 TL Zitronensaft
- Eine Prise Salz

Anleitung:

1. Alle Zutaten vermengen und kleine Bällchen formen.
2. Im Kühlschrank fest werden lassen.

50. Haferflocken-Birnen-Schokoladen-Crisp

Zutaten:

- 3 Birnen, geschält und in Scheiben geschnitten

- 1 Tasse Haferflocken

- 1/2 Tasse Vollkornmehl

- 1/4 Tasse Kakao

1/2 Tasse brauner Zucker

- 1/4 Tasse geschmolzene Butter

- Eine Prise Salz

Anleitung:

1. Birnenscheiben in eine Backform geben.

2. Haferflocken, Vollkornmehl, Kakao, braunen Zucker, geschmolzene Butter und Salz vermengen.

3. Die Mischung über die Birnen streuen und bei 180 Grad Celsius etwa 25-30 Minuten backen.

Kapitel 4: Süße Verführungen

51. Haferflocken-Kokosnuss-Bananenbrot

Zutaten:

- 2 reife Bananen, zerdrückt
- 1/2 Tasse Haferflocken
- 1/2 Tasse Kokosraspeln
- 1/4 Tasse Honig
- 1/4 Tasse geschmolzenes Kokosöl
- 2 Eier
- 1 TL Backpulver

Anleitung:

1. Bananen, Haferflocken, Kokosraspeln, Honig, geschmolzenes Kokosöl, Eier und Backpulver vermengen.

2. Den Teig in eine Backform geben und bei 180 Grad Celsius etwa 40-45 Minuten backen.

52. Haferflocken-Apfel-Rosinen-Scones

Zutaten:

- 2 Tassen Haferflocken

- 1/2 Tasse Mehl

- 1 TL Backpulver

- 1/4 Tasse Zucker

- 1/2 Tasse kalte Butter, gewürfelt

- 1 Apfel, geschält und gewürfelt

- 1/4 Tasse Rosinen

- 1/2 Tasse Milch

Anleitung:

1. Haferflocken, Mehl, Backpulver und Zucker vermengen.

2. Die Butter hinzufügen und zu einer krümeligen Masse verarbeiten.

3. Apfel, Rosinen und Milch unterheben.

4. Den Teig in Scones formen und bei 200 Grad Celsius etwa 15 Minuten backen.

53. Haferflocken-Quark-Törtchen mit Beeren

Zutaten:

- 1 Tasse Haferflocken
- 1/2 Tasse Mandelmehl
- 1/4 Tasse geschmolzenes Kokosöl
- 2 EL Honig
- 1 Tasse Quark
- Frische Beeren zur Garnierung

Anleitung:

1. Haferflocken, Mandelmehl, geschmolzenes Kokosöl und Honig vermengen.

2. Die Mischung in Törtchenformen drücken.

3. Quark auf die Törtchen geben und mit frischen Beeren garnieren.

54. Haferflocken-Pistazien-Orangenkekse

Zutaten:

- 1 Tasse Haferflocken
- 1/2 Tasse gemahlene Pistazien
- 1/4 Tasse Honig
- 1/4 Tasse geschmolzenes Kokosöl
- Saft und Zesten einer Orange

Anleitung:

1. Haferflocken, gemahlene Pistazien, Honig, geschmolzenes Kokosöl, Orangensaft und Orangenzesten vermengen.

2. Kleine Kekse formen und bei 180 Grad Celsius etwa 10-12 Minuten backen.

55. Haferflocken-Brombeer-Joghurt-Eis

Zutaten:

- 1 Tasse Haferflocken
- 2 Tassen griechischer Joghurt
- 1/2 Tasse Honig
- 1 Tasse frische Brombeeren
- 1 TL Vanilleextrakt

Anleitung:

1. Haferflocken in einer Pfanne rösten, bis sie goldbraun sind.
2. Griechischen Joghurt, Honig, Vanilleextrakt und geröstete Haferflocken vermengen.
3. Brombeeren unterheben und die Mischung in einer Eismaschine zubereiten.

56. Haferflocken-Kirsch-Tartelettes

Zutaten:

- 1 Tasse Haferflocken
- 1/2 Tasse gemahlene Mandeln
- 1/4 Tasse Honig
- 1/4 Tasse geschmolzenes Kokosöl
- Frische Kirschen zum Garnieren

Anleitung:

1. Haferflocken, gemahlene Mandeln, Honig und geschmolzenes Kokosöl vermengen.
2. Die Mischung in Tarteletteformen drücken.
3. Mit frischen Kirschen garnieren.

57. Haferflocken-Mandel-Ricotta-Pfannkuchen

Zutaten:

- 1 Tasse Haferflocken
- 1/2 Tasse Mandelmehl
- 1 Tasse Ricotta-Käse
- 2 Eier
- 1 TL Backpulver
- Mandelsplitter zum Garnieren

Anleitung:

1. Haferflocken, Mandelmehl, Ricotta-Käse, Eier und Backpulver vermengen.
2. Portionsweise in einer Pfanne zu Pfannkuchen backen.
3. Mit Mandelsplittern garnieren.

58. Haferflocken-Minze-Schokoladen-Cupcakes

Zutaten:

- 1 Tasse Haferflocken
- 1/2 Tasse Kakao
- 1 TL Backpulver
- 1/2 Tasse Honig
- 1/4 Tasse geschmolzenes Kokosöl
- Frische Minzeblätter zur Garnierung

Anleitung:

1. Haferflocken, Kakao, Backpulver, Honig und geschmolzenes Kokosöl vermengen.
2. Den Teig in Cupcake-Förmchen füllen und bei 180 Grad Celsius etwa 15-20 Minuten backen.
3. Mit frischen Minzeblättern garnieren.

59. Haferflocken-Feigen-Joghurt-Parfait

Zutaten:

- 1/2 Tasse Haferflocken
- 1 Tasse griechischer Joghurt
- 2 EL Honig
- Frische Feigen, in Scheiben geschnitten

Anleitung:

1. Haferflocken in einer Pfanne rösten, bis sie goldbraun sind.

2. Abwechselnd Haferflocken, griechischen Joghurt und Honig in Gläser schichten.

3. Mit frischen Feigenscheiben garnieren.

60. Haferflocken-Avocado-Schokoladenmousse

Zutaten:

- 1/2 Tasse Haferflocken
- 2 reife Avocados
- 1/4 Tasse ungesüßtes Kakaopulver
- 1/4 Tasse Honig
- Eine Prise Salz

Anleitung:

1. Haferflocken in einer Pfanne rösten, bis sie goldbraun sind.

2. Avocados, Kakaopulver, Honig, Salz und geröstete Haferflocken in einem Mixer pürieren.

3. Die Mousse in Schüsseln geben und im Kühlschrank fest werden lassen.

5 Rezepte für Mittagessen und Abendessen mit Haferflocken:

Mittagessen:

61. Haferflocken-Gemüse-Burger

Zutaten:

- 1 Tasse Haferflocken
- 1 Tasse gemischtes Gemüse (Karotten, Zucchini, Paprika), fein gewürfelt
- 1/2 Tasse schwarze Bohnen, abgetropft und püriert
- 1 Ei
- 1 TL Kreuzkümmel
- Salz und Pfeffer nach Geschmack
- Burger-Brötchen und Beläge nach Wahl

Anleitung:

1. Haferflocken, gemischtes Gemüse, pürierte schwarze Bohnen, Ei, Kreuzkümmel, Salz und Pfeffer vermengen.

2. Burger-Patties formen und in einer Pfanne braten.

3. Auf Burger-Brötchen legen und nach Belieben belegen.

62. Haferflocken-Gemüsepfanne mit Hühnchen

Zutaten:

- 1 Tasse Haferflocken
- 200 g Hühnchenbrust, in Streifen geschnitten
- 1 Tasse gemischtes Gemüse (Brokkoli, Paprika, Karotten)
- 2 EL Sojasauce
- 1 Knoblauchzehe, gehackt
- 1 TL Ingwer, gerieben
- 2 EL Olivenöl

Anleitung:

1. Haferflocken in einer Pfanne ohne Öl rösten, bis sie goldbraun sind. Beiseite stellen.

2. Hühnchenstreifen in Olivenöl anbraten.

3. Gemüse hinzufügen und weiter braten.

4. Sojasauce, Knoblauch und Ingwer hinzufügen. Mit gerösteten Haferflocken servieren.

63. Haferflocken-Minestrone-Suppe

Zutaten:

- 1 Tasse Haferflocken
- 1 Dose Tomaten, gewürfelt
- 1 Karotte, gewürfelt
- 1 Zucchini, gewürfelt
- 1 Tasse grüne Bohnen, in Stücke geschnitten
- 1 Liter Gemüsebrühe
- 2 Knoblauchzehen, gehackt
- Italienische Kräuter, Salz und Pfeffer nach Geschmack

Anleitung:

1. Haferflocken, Tomaten, Karotten, Zucchini, grüne Bohnen, Gemüsebrühe und Knoblauch in einen Topf geben.

2. Aufkochen und dann bei schwacher Hitze köcheln lassen, bis das Gemüse weich ist.

3. Mit italienischen Kräutern, Salz und Pfeffer abschmecken.

64. Haferflocken-Spinat-Feta-Salat

Zutaten:

- 1 Tasse Haferflocken
- 2 Tassen frischer Spinat
- 1/2 Tasse Feta-Käse, gewürfelt
- 1/4 Tasse Kirschtomaten, halbiert
- 1/4 Tasse geröstete Pinienkerne
- Balsamico-Vinaigrette

Anleitung:

1. Haferflocken kochen und abkühlen lassen.
2. Spinat, Feta-Käse, Kirschtomaten und Pinienkerne vermengen.
3. Mit Balsamico-Vinaigrette beträufeln und mit gekochten Haferflocken servieren.

65. Haferflocken-Thai-Curry

Zutaten:

- 1 Tasse Haferflocken
- 200 g Hähnchenbrust, in Würfel geschnitten
- 1 Dose Kokosmilch
- 2 EL rote Currypaste
- Gemüse nach Wahl (Paprika, Zuckerschoten, Karotten)
- Frischer Koriander zum Garnieren
- Reis oder Quinoa zum Servieren

Anleitung:

1. Haferflocken kochen und beiseite stellen.
2. Hähnchenbrust in einer Pfanne anbraten.
3. Gemüse hinzufügen und anbraten.
4. Kokosmilch und rote Currypaste hinzufügen. Bei schwacher Hitze köcheln lassen, bis das Hühnchen durchgegart ist.
5. Mit gekochten Haferflocken und frischem Koriander servieren.

Abendessen:

66. Haferflocken-Lachs-Patties

Zutaten:

- 1 Tasse Haferflocken
- 200 g Lachsfilet, gekocht und zerdrückt
- 1 Ei
- 1/4 Tasse gehackte Frühlingszwiebeln
- Zitronensaft, Salz und Pfeffer nach Geschmack
- Olivenöl zum Braten

Anleitung:

1. Haferflocken, gekochter Lachs, Ei, Frühlingszwiebeln, Zitronensaft, Salz und Pfeffer vermengen.
2. Patties formen und in Olivenöl braten, bis sie goldbraun sind.
3. Mit einer Zitronen-Dill-Sauce servieren.

67. Haferflocken-Ratatouille

Zutaten:

- 1 Tasse Haferflocken
- 1 Zwiebel, gewürfelt
- 2 Knoblauchzehen, gehackt
- 1 Aubergine, gewürfelt
- 1 Zucchini, gewürfelt
- 1 Paprika, gewürfelt
- 1 Dose Tomaten, gewürfelt
- Frische Kräuter (Thymian, Rosmarin)
- Salz und Pfeffer nach Geschmack

Anleitung:

1. Haferflocken kochen und beiseite stellen.
2. Zwiebel und Knoblauch in Olivenöl anbraten.
3. Gemüse hinzufügen und anbraten.
4. Tomaten, frische Kräuter, Salz und Pfeffer hinzufügen. Köcheln lassen, bis das Gemüse weich ist.
5. Mit gekochten Haferflocken servieren.

68. Haferflocken-Linsen-Curry

Zutaten:

- 1 Tasse Haferflocken
- 1 Tasse rote Linsen, gekocht
- 1 Dose Kokosmilch
- 2 EL gelbe Currypaste
- Gemüse nach Wahl (Erbsen, Möhren, Blumenkohl)
- Zitronensaft, Koriander zum Garnieren
- Reis oder Naan-Brot zum Servieren

Anleitung:

1. Haferflocken kochen und beiseite stellen.

2. Kokosmilch, gelbe Currypaste und gekochte Linsen in einer Pfanne erhitzen.

3. Gemüse hinzufügen und köcheln lassen, bis es gar ist.

4. Mit Zitronensaft und Koriander garnieren. Mit gekochten Haferflocken servieren.

69. Haferflocken-Cashew-Hühnchenpfanne

Zutaten:

- 1 Tasse Haferflocken
- 200 g Hühnchenbrust, in Streifen geschnitten
- 1/2 Tasse Cashewnüsse
- 1 Tasse Brokkoli, in Röschen geschnitten
- 1 Karotte, in dünne Scheiben geschnitten
- Sojasauce, Ingwer, Knoblauch, Sesamöl
- Frühlingszwiebeln zum Garnieren

Anleitung:

1. Haferflocken kochen und beiseite stellen.
2. Hühnchenbrust in Sesamöl anbraten.
3. Gemüse und Cashewnüsse hinzufügen. Mit Sojasauce, Ingwer und Knoblauch würzen.
4. Bei schwacher Hitze köcheln lassen, bis das Gemüse gar ist.
5. Mit gekochten Haferflocken servieren und mit Frühlingszwiebeln garnieren.

70. Haferflocken-Süßkartoffel-Chili

Zutaten:

- 1 Tasse Haferflocken
- 1 Süßkartoffel, gewürfelt
- 1 Dose schwarze Bohnen, abgetropft
- 1 Dose Tomaten, gewürfelt
- 1 Zwiebel, gehackt
- 2 Knoblauchzehen, gehackt
- 2 TL Chili-Gewürzmischung
- Salz und Pfeffer nach Geschmack

Anleitung:

1. Haferflocken kochen und beiseite stellen.

2. Zwiebel und Knoblauch in Olivenöl anbraten.

3. Süßkartoffelwürfel hinzufügen und anbraten.

4. Tomaten, schwarze Bohnen, Chili-Gewürzmischung, Salz und Pfeffer hinzufügen. Köcheln lassen, bis die Süßkartoffeln weich sind.

5. Mit gekochten Haferflocken servieren.

Mittagessen:

71. Haferflocken-Spinat-Quiche

Zutaten:

- 1 Tasse Haferflocken
- 1 Tasse frischer Spinat
- 1 Tasse Milch
- 3 Eier
- 1/2 Tasse geriebener Käse (Gouda oder Cheddar)
- Salz, Pfeffer und Muskatnuss nach Geschmack
- Teig für eine Quicheform

Anleitung:

1. Haferflocken kochen und abkühlen lassen.
2. Quiche-Teig in einer Form ausrollen.
3. Haferflocken, Spinat, Milch, Eier, Käse, Salz, Pfeffer und Muskatnuss vermengen.
4. Die Mischung auf den Teig gießen und bei 180 Grad Celsius etwa 30-35 Minuten backen.

72. Haferflocken-Rösti mit Gemüse

Zutaten:

- 1 Tasse Haferflocken
- 2 Kartoffeln, gerieben
- 1 Zucchini, gerieben
- 1 Ei
- 2 EL Mehl
- Salz und Pfeffer nach Geschmack
- Olivenöl zum Braten

Anleitung:

1. Haferflocken in einer Pfanne ohne Öl rösten, bis sie goldbraun sind.

2. Kartoffeln und Zucchini ausdrücken, um überschüssige Flüssigkeit zu entfernen.

3. Haferflocken, geriebene Kartoffeln, geriebene Zucchini, Ei, Mehl, Salz und Pfeffer vermengen.

4. Rösti in einer Pfanne in Olivenöl goldbraun braten.

73. Haferflocken-Pilzrisotto

Zutaten:

- 1 Tasse Haferflocken
- 1 Tasse Pilze (Champignons oder gemischt), in Scheiben geschnitten
- 1 Zwiebel, gehackt
- 2 Knoblauchzehen, gehackt
- 1/2 Tasse Traubensaft (weiß) - 100% Direktsaft,
- 3 Tassen Gemüsebrühe
- Parmesan zum Bestreuen
- Frische Petersilie zum Garnieren

Anleitung:

1. Haferflocken in einer Pfanne ohne Öl rösten, bis sie goldbraun sind.
2. Zwiebel und Knoblauch in Olivenöl anbraten.
3. Pilze hinzufügen und anbraten.
4. Haferflocken dazugeben und mit Traubensaft (weiß) - 100% Direktsaft, ablöschen.

5. Nach und nach Gemüsebrühe hinzufügen und rühren, bis die Flüssigkeit absorbiert ist.

6. Mit Parmesan bestreuen und mit frischer Petersilie garnieren.

74. Haferflocken-Tomaten-Basilikum-Bruschetta

Zutaten:

- 1 Tasse Haferflocken
- 4 Tomaten, gewürfelt
- 1/4 Tasse frisches Basilikum, gehackt
- 2 Knoblauchzehen, gehackt
- 2 EL Olivenöl
- Salz und Pfeffer nach Geschmack
- Baguette-Scheiben zum Servieren

Anleitung:

1. Haferflocken in einer Pfanne ohne Öl rösten, bis sie goldbraun sind.

2. Tomaten, Basilikum, Knoblauch, Olivenöl, Salz und Pfeffer vermengen.

3. Die Mischung auf Baguette-Scheiben verteilen und servieren.

75. Haferflocken-Mais-Süßkartoffel-Burritos

Zutaten:

- 1 Tasse Haferflocken
- 1 Tasse Süßkartoffel, gewürfelt und gekocht
- 1 Dose schwarze Bohnen, abgetropft
- 1 Tasse Maiskörner
- 1 TL Kreuzkümmel
- Tortilla-Wraps
- Guacamole und Salsa zum Servieren

Anleitung:

1. Haferflocken kochen und abkühlen lassen.
2. Haferflocken, Süßkartoffeln, schwarze Bohnen, Mais und Kreuzkümmel vermengen.
3. Die Mischung auf Tortilla-Wraps verteilen, mit Guacamole und Salsa servieren.

Abendessen:

76. Haferflocken-Ingwer-Honig-Lachs

Zutaten:

- 1 Tasse Haferflocken
- 2 Lachsfilets
- 2 EL Honig
- 1 TL frischer Ingwer, gerieben
- Zitronensaft
- Salz und Pfeffer nach Geschmack

Anleitung:

1. Haferflocken in einer Pfanne ohne Öl rösten, bis sie goldbraun sind.

2. Lachsfilets mit Honig, Ingwer, Zitronensaft, Salz und Pfeffer marinieren.

3. Die marinierten Lachsfilets auf Haferflocken servieren.

77. Haferflocken-Gemüse-Lasagne

Zutaten:

- 1 Tasse Haferflocken
- 1 Zwiebel, gehackt
- 2 Knoblauchzehen, gehackt
- 1 Aubergine, in Scheiben geschnitten
- 1 Zucchini, in Scheiben geschnitten
- 1 Dose Tomatensoße
- 1 Tasse Ricotta-Käse
- Lasagne-Nudeln
- Mozzarella-Käse zum Bestreuen

Anleitung:

1. Haferflocken in einer Pfanne ohne Öl rösten, bis sie goldbraun sind.

2. Zwiebel und Knoblauch in Olivenöl anbraten.

3. Gemüse hinzufügen und anbraten.

4. Tomatensoße hinzufügen und köcheln lassen.

5. Haferflocken, Ricotta-Käse und Gemüsesauce in Schichten in eine Auflaufform geben. Mit Lasagne-Nudeln bedecken und mit Mozzarella bestreuen. Im Ofen bei 180 Grad Celsius etwa 30-35 Minuten backen.

78. Haferflocken-Kürbis-Risotto

Zutaten:

- 1 Tasse Haferflocken
- 1 Tasse Kürbis, gewürfelt und gekocht

1 Zwiebel, gehackt

- 2 Knoblauchzehen, gehackt
- 1/2 Tasse Traubensaft (weiß) - 100% Direktsaft,
- 3 Tassen Gemüsebrühe
- Parmesan zum Bestreuen
- Frischer Thymian zum Garnieren

Anleitung:

1. Haferflocken in einer Pfanne ohne Öl rösten, bis sie goldbraun sind.
2. Zwiebel und Knoblauch in Olivenöl anbraten.
3. Kürbiswürfel hinzufügen und anbraten.
4. Haferflocken dazugeben und mit Traubensaft ablöschen.

5. Nach und nach Gemüsebrühe hinzufügen und rühren, bis die Flüssigkeit absorbiert ist.

6. Mit Parmesan bestreuen und mit frischem Thymian garnieren.

79. Haferflocken-Linsen-Salat mit Joghurtdressing

Zutaten:

- 1 Tasse Haferflocken

- 1 Tasse grüne Linsen, gekocht

- 1 Gurke, gewürfelt

- 1 rote Zwiebel, gehackt

- 1/2 Tasse Cherrytomaten, halbiert

- Feta-Käse, zerbröckelt

- Frisches Koriandergrün

- Joghurtdressing

Anleitung:

1. Haferflocken kochen und abkühlen lassen.

2. Linsen, Gurke, rote Zwiebel, Cherrytomaten und Feta-Käse vermengen.

3. Mit Haferflocken bestreuen und mit frischem Koriandergrün garnieren. Mit Joghurtdressing servieren.

80. Haferflocken-Mexikanische Quinoa-Schalen

Zutaten:

- 1 Tasse Haferflocken
- 1 Tasse Quinoa, gekocht
- Schwarze Bohnen, Maisschalen, Avocados, Tomatenwürfel
- Taco-Gewürz
- Frischer Koriander zum Garnieren
- Salsa und saure Sahne zum Servieren

Anleitung:

1. Haferflocken in einer Pfanne ohne Öl rösten, bis sie goldbraun sind.
2. Quinoa, schwarze Bohnen, Maisschalen, Avocados und Tomatenwürfel vermengen.
3. Mit Taco-Gewürz abschmecken und über Haferflocken servieren.
4. Mit frischem Koriander garnieren und mit Salsa und saurer Sahne servieren.

Mittagessen:

81. Haferflocken-Quinoa-Patties

Zutaten:

- 1 Tasse Haferflocken
- 1/2 Tasse gekochte Quinoa
- 1 Möhre, gerieben
- 1 Zwiebel, gehackt
- 1 Ei
- 1 TL Paprika
- Salz und Pfeffer nach Geschmack
- Olivenöl zum Braten

Anleitung:

1. Haferflocken kochen und abkühlen lassen.

2. Haferflocken, Quinoa, geriebene Möhre, Zwiebel, Ei, Paprika, Salz und Pfeffer vermengen.

3. Patties formen und in Olivenöl braten, bis sie goldbraun sind.

82. Haferflocken-Kichererbsen-Bowl

Zutaten:

- 1 Tasse Haferflocken
- 1 Dose Kichererbsen, abgetropft
- Gemüse nach Wahl (Paprika, Gurke, Tomaten)
- Feta-Käse, zerbröckelt
- Olivenöl
- Zitronensaft
- Frische Kräuter (Petersilie, Minze) zum Garnieren

Anleitung:

1. Haferflocken kochen und abkühlen lassen.
2. Kichererbsen, Gemüse und Feta-Käse über die Haferflocken geben.
3. Mit Olivenöl und Zitronensaft beträufeln und mit frischen Kräutern garnieren.

83. Haferflocken-Asiatische Salatrolle

Zutaten:

- Reispapier
- 1 Tasse Haferflocken
- Garnelen oder Tofu
- Reisnudeln
- Gemüsestreifen (Karotten, Gurken, Paprika)
- Frische Kräuter (Koriander, Minze)
- Sojasauce oder Erdnussdip zum Servieren

Anleitung:

1. Haferflocken kochen und abkühlen lassen.
2. Reispapier einweichen und auf einem Teller ausbreiten.
3. Mit Haferflocken, Garnelen oder Tofu, Reisnudeln, Gemüsestreifen und frischen Kräutern füllen.
4. Die Seiten einschlagen und die Rolle aufrollen.
5. Mit Sojasauce oder Erdnussdip servieren.

84. Haferflocken-Gemüse-Wrap

Zutaten:

- Tortilla-Wraps
- 1 Tasse Haferflocken
- Hummus
- Geröstetes Gemüse (Zucchini, Aubergine, Paprika)
- Frischer Spinat oder Rucola
- Feta-Käse
- Balsamico-Glasur

Anleitung:

1. Haferflocken kochen und abkühlen lassen.
2. Tortilla-Wraps mit Hummus bestreichen.
3. Mit Haferflocken, geröstetem Gemüse, frischem Spinat oder Rucola und Feta-Käse belegen.
4. Mit Balsamico-Glasur beträufeln und einwickeln.

85. Haferflocken-Süßkartoffel-Curry-Wrap

Zutaten:

- Tortilla-Wraps
- 1 Tasse Haferflocken
- Süßkartoffel, gewürfelt und gekocht
- Kichererbsen, gekocht
- Griechischer Joghurt
- Frische Korianderblätter
- Currypulver, Kreuzkümmel, Paprika
- Limettensaft

Anleitung:

1. Haferflocken kochen und abkühlen lassen.

2. Tortilla-Wraps mit griechischem Joghurt bestreichen.

3. Mit Haferflocken, gewürfelter Süßkartoffel, Kichererbsen, Koriander, Currypulver, Kreuzkümmel, Paprika und Limettensaft belegen.

4. Einwickeln und servieren.

Abendessen

86. Haferflocken-Gebackener Lachs mit Senfkruste

Zutaten:

- 1 Tasse Haferflocken

- Lachsfilets

- Dijon-Senf

- Honig

- Zitronensaft

- Salz, Pfeffer, frische Dillspitzen

Anleitung:*

1. Haferflocken in einer Pfanne ohne Öl rösten, bis sie goldbraun sind.

2. Lachsfilets auf ein Backblech legen.

3. Dijon-Senf, Honig, Zitronensaft, Salz und Pfeffer vermengen und auf die Lachsfilets streichen.

4. Mit gerösteten Haferflocken bestreuen und im Ofen bei 180 Grad Celsius etwa 15-20 Minuten backen.

5. Mit frischen Dillspitzen garnieren.

87. Haferflocken-Gemüse-Linsen-Pfanne

Zutaten:

- 1 Tasse Haferflocken
- Grüne oder braune Linsen, gekocht
- Gemüse nach Wahl (Brokkoli, Paprika, Zwiebeln)
- Knoblauch, gehackt
- Sojasauce
- Ingwer, gerieben
- Sesamöl
- Frühlingszwiebeln zum Garnieren

Anleitung:

1. Haferflocken in einer Pfanne ohne Öl rösten, bis sie goldbraun sind.

2. Gemüse und gekochte Linsen hinzufügen und anbraten.

3. Knoblauch und Ingwer unterrühren, mit Sojasauce würzen und mit Sesamöl beträufeln.

4. Bei schwacher Hitze köcheln lassen, bis das Gemüse weich ist.

5. Mit frischen Frühlingszwiebeln garnieren.

88. Haferflocken-Auberginen-Türmchen

Zutaten:

- 1 Tasse Haferflocken

- Auberginenscheiben

- Tomatenscheiben

- Mozzarella-Scheiben

- Frische Basilikumblätter

- Olivenöl

- Balsamico-Glasur

- Salz und Pfeffer nach Geschmack

Anleitung:

1. Haferflocken in einer Pfanne ohne Öl rösten, bis sie goldbraun sind.

2. Auberginenscheiben grillen oder in der Pfanne anbraten.

3. Türmchen mit Haferflocken, Auberginen, Tomaten, Mozzarella und Basilikum schichten.

4. Mit Olivenöl, Balsamico-Glasur, Salz und Pfeffer beträufeln.

89. Haferflocken-Blumenkohl-Curry

Zutaten:

- 1 Tasse Haferflocken
- Blumenkohlröschen
- Kichererbsen, gekocht
- Kokosmilch
- Rote Currypaste
- Zwiebeln, gehackt
- Knoblauch, gehackt
- Ingwer, gerieben
- Koriander zum Garnieren

Anleitung:

1. Haferflocken in einer Pfanne ohne Öl rösten, bis sie goldbraun sind.

2. Zwiebeln, Knoblauch und Ingwer in Kokosöl anbraten.

3. Blumenkohlröschen und gekochte Kichererbsen hinzufügen.

4. Rote Currypaste einrühren und mit Kokosmilch ablöschen.

5. Bei schwacher Hitze köcheln lassen, bis der Blumenkohl gar ist.

6. Mit gerösteten Haferflocken und frischem Koriander garnieren.

90. Haferflocken-Zucchini-Nudeln mit Pesto

Zutaten:

- 1 Tasse Haferflocken
- Zucchini, mit einem Spiralschneider zu Nudeln geschnitten
- Cherrytomaten, halbiert
- Pesto (Basilikum, Pinienkerne, Parmesan, Olivenöl)
- Zitronensaft
- Salz und Pfeffer nach Geschmack

Anleitung:

1. Haferflocken kochen und abkühlen lassen.
2. Zucchini-Nudeln in einer Pfanne kurz anbraten.
3. Mit Haferflocken, Cherrytomaten, Pesto, Zitronensaft, Salz und Pfeffer vermengen.

50 Haferflockenbrot- und Kuchenrezepte:

1. Haferflocken-Honigbrot mit Nüssen

Zutaten:

- 2 Tassen Haferflocken
- 1 Tasse Mehl
- 1 TL Backpulver
- 1 TL Zimt
- 1/2 TL Salz
- 1/2 Tasse gehackte Nüsse (z. B. Walnüsse oder Mandeln)
- 1/4 Tasse Honig
- 1/4 Tasse geschmolzene Butter
- 2 Eier
- 1 Tasse Milch

Zubereitung:

1. Den Ofen auf 180 Grad Celsius vorheizen. Eine Brotform einfetten und mit Mehl bestäuben.

2. In einer großen Schüssel die Haferflocken, das Mehl, das Backpulver, den Zimt, das Salz und die gehackten Nüsse vermengen.

3. In einer separaten Schüssel den Honig, die geschmolzene Butter, die Eier und die Milch verrühren.

4. Die feuchten Zutaten zu den trockenen Zutaten geben und gut vermengen, bis ein gleichmäßiger Teig entsteht.

5. Den Teig in die vorbereitete Brotform geben und glatt streichen.

6. Das Brot im vorgeheizten Ofen etwa 45-50 Minuten backen, oder bis es goldbraun ist und sich ein Zahnstocher sauber herausziehen lässt.

7. Das Brot aus dem Ofen nehmen und etwa 10 Minuten in der Form abkühlen lassen, bevor es auf einem Kuchengitter vollständig auskühlt.

2. Saftiger Haferflockenkuchen mit Äpfeln

Zutaten:

- 2 Tassen Haferflocken
- 1 Tasse Mehl
- 1 TL Backpulver
- 1/2 TL Backnatron
- 1 TL Zimt
- 1/2 TL Salz
- 1/2 Tasse geschmolzene Butter
- 3/4 Tasse brauner Zucker
- 2 Eier
- 1 TL Vanilleextrakt
- 1/2 Tasse griechischer Joghurt
- 2 Äpfel, geschält, entkernt und grob gerieben

Zubereitung:

1. Den Ofen auf 180 Grad Celsius vorheizen. Eine Backform einfetten und mit Mehl bestäuben.

2. In einer Schüssel die Haferflocken, das Mehl, das Backpulver, das Backnatron, den Zimt und das Salz vermengen.

3. In einer separaten Schüssel die geschmolzene Butter mit dem braunen Zucker verrühren. Die Eier einzeln unterrühren, dann den Vanilleextrakt und den griechischen Joghurt hinzufügen.

4. Die feuchten Zutaten zu den trockenen Zutaten geben und gut vermengen, bis ein gleichmäßiger Teig entsteht.

5. Die geriebenen Äpfel unter den Teig heben.

6. Den Teig in die vorbereitete Backform geben und glatt streichen.

7. Den Kuchen im vorgeheizten Ofen etwa 40-45 Minuten backen, oder bis ein Zahnstocher sauber herauskommt, wenn man ihn in die Mitte des Kuchens steckt.

8. Den Kuchen aus dem Ofen nehmen und etwa 10 Minuten in der Form abkühlen lassen, bevor er auf einem Kuchengitter vollständig auskühlt.

3. Gesundes Bananen-Haferflockenbrot

Zutaten:

- 2 reife Bananen

- 2 Eier

- 1/4 Tasse Honig oder Ahornsirup

- 1/4 Tasse geschmolzene Kokosöl oder Butter

- 1 TL Vanilleextrakt

- 1 1/2 Tassen Haferflocken

- 1 TL Backpulver

- 1 TL Zimt

- Eine Prise Salz

- Optional: gehackte Nüsse oder Rosinen

Zubereitung:

1. Den Ofen auf 180 Grad Celsius vorheizen. Eine Brotform einfetten und mit Mehl bestäuben.

2. Die Bananen in einer Schüssel zerdrücken. Die Eier, den Honig oder Ahornsirup, das geschmolzene

Kokosöl oder die Butter und den Vanilleextrakt hinzufügen und gut vermischen.

3. Die Haferflocken, das Backpulver, den Zimt und eine Prise Salz hinzufügen. Nach Belieben gehackte Nüsse oder Rosinen unterrühren.

4. Den Teig in die vorbereitete Brotform geben und glatt streichen.

5. Das Brot im vorgeheizten Ofen etwa 25-30 Minuten backen, oder bis ein Zahnstocher sauber herauskommt, wenn man ihn in die Mitte des Brotes steckt.

6. Das Brot aus dem Ofen nehmen und etwa 10 Minuten in der Form abkühlen lassen, bevor es auf einem Kuchengitter vollständig auskühlt.

4. Beeren-Haferflockenkuchen mit Joghurtglasur

Zutaten:

- 1 Tasse Haferflocken
- 1 Tasse Mehl
- 1 TL Backpulver
- 1/2 TL Backnatron
- 1/2 TL Zimt
- 1/4 TL Salz
- 1/2 Tasse geschmolzene Kokosöl oder Butter
- 1/2 Tasse brauner Zucker
- 2 Eier
- 1 TL Vanilleextrakt
- 1/2 Tasse griechischer Joghurt
- 1 Tasse gemischte Beeren (z. B. Erdbeeren, Heidelbeeren, Himbeeren)

Zubereitung:

1. Den Ofen auf 180 Grad Celsius vorheizen. Eine Backform einfetten und mit Mehl bestäuben.

2. In einer Schüssel die Haferflocken, das Mehl, das Backpulver, das Backnatron, den Zimt und das Salz vermengen.

3. In einer separaten Schüssel das geschmolzene Kokosöl oder die Butter mit dem braunen Zucker verrühren. Die Eier einzeln unterrühren, dann den Vanilleextrakt und den griechischen Joghurt hinzufügen.

4. Die feuchten Zutaten zu den trockenen Zutaten geben und gut vermengen, bis ein gleichmäßiger Teig entsteht.

5. Die gemischten Beeren vorsichtig unter den Teig heben.

6. Den Teig in die vorbereitete Backform geben und glatt streichen.

7. Den Kuchen im vorgeheizten Ofen etwa 30-35 Minuten backen, oder bis ein Zahnstocher sauber herauskommt, wenn man ihn in die Mitte des Kuchens steckt.

8. Den Kuchen aus dem Ofen nehmen und etwa 10 Minuten in der Form abkühlen lassen, bevor er auf einem Kuchengitter vollständig auskühlt.

5. Kokosnuss-Haferflockenbrot mit Ananas:

Zutaten:

- 1 reife Ananas, geschält, entkernt und in kleine Stücke geschnitten

- 1 Tasse Haferflocken

- 1 Tasse Mehl

- 1/2 Tasse Kokosraspeln

- 1/2 Tasse brauner Zucker

- 1/4 Tasse Kokosöl (geschmolzen)

- 2 Eier

- 1 Teelöffel Backpulver

- 1 Teelöffel Vanilleextrakt

- Eine Prise Salz

Anleitung:

1. Heizen Sie Ihren Ofen auf 180°C vor. Fetten Sie eine Brotform leicht ein oder legen Sie sie mit Backpapier aus.

2. In einer großen Schüssel die Haferflocken, das Mehl, die Kokosraspeln, den braunen Zucker, das Backpulver und eine Prise Salz vermischen.

3. In einer separaten Schüssel die Eier leicht verquirlen. Fügen Sie das geschmolzene Kokosöl und den Vanilleextrakt hinzu und mischen Sie gut.

4. Die feuchten Zutaten zu den trockenen Zutaten geben und gut vermischen.

5. Die Ananasstücke vorsichtig unter den Teig heben, bis sie gleichmäßig verteilt sind.

6. Den Teig in die vorbereitete Brotform geben und glatt streichen.

7. Backen Sie das Brot etwa 45-55 Minuten lang oder bis es goldbraun ist und ein Zahnstocher in die Mitte gesteckt sauber herauskommt.

8. Aus dem Ofen nehmen und in der Form etwa 10 Minuten abkühlen lassen, dann aus der Form nehmen und auf einem Kuchengitter vollständig abkühlen lassen.

9. Genießen Sie Ihr Kokosnuss-Haferflockenbrot mit Ananas als Snack oder zum Frühstück!

Dieses Brot ist köstlich saftig und hat einen herrlichen exotischen Geschmack dank der Ananas und des Kokosnussöls. Guten Appetit!

6. Apfel-Zimt-Haferflockenkuchen

Zutaten:

- 1 1/2 Tassen Haferflocken
- 1 Tasse Mehl
- 1 TL Backpulver
- 1/2 TL Backnatron
- 1 TL Zimt
- Eine Prise Salz
- 1/2 Tasse geschmolzene Butter
- 1/2 Tasse brauner Zucker
- 2 Eier
- 1 TL Vanilleextrakt
- 2 Äpfel, geschält, entkernt und in dünne Scheiben geschnitten

Zubereitung:

1. Den Ofen auf 180 Grad Celsius vorheizen. Eine Backform einfetten und mit Mehl bestäuben.

2. In einer Schüssel die Haferflocken, das Mehl, das Backpulver, das Backnatron, den Zimt und eine Prise Salz vermengen.

3. In einer separaten Schüssel die geschmolzene Butter mit dem braunen Zucker verrühren. Die Eier einzeln unterrühren, dann den Vanilleextrakt hinzufügen.

4. Die feuchten Zutaten zu den trockenen Zutaten geben und gut vermengen.

5. Die Apfelscheiben vorsichtig unter den Teig heben.

6. Den Teig in die vorbereitete Backform geben und glatt streichen.

7. Den Kuchen im vorgeheizten Ofen etwa 40-45 Minuten backen, oder bis ein Zahnstocher sauber herauskommt, wenn man ihn in die Mitte des Kuchens steckt.

8. Den Kuchen aus dem Ofen nehmen und etwa 10 Minuten in der Form abkühlen lassen, bevor er auf einem Kuchengitter vollständig auskühlt.

7. Haferflocken-Chia-Samen-Brot

Zutaten:

- 2 Tassen Haferflocken
- 1/2 Tasse Chia-Samen
- 1 Tasse Mehl
- 1 TL Backpulver
- 1 TL Zimt
- Eine Prise Salz
- 1/4 Tasse geschmolzenes Kokosöl oder Butter
- 1/4 Tasse Honig oder Ahornsirup
- 2 Eier
- 1 TL Vanilleextrakt
- 1 Tasse Milch

Zubereitung:

1. Den Ofen auf 180 Grad Celsius vorheizen. Eine Brotform einfetten und mit Mehl bestäuben.

2. In einer Schüssel die Haferflocken und Chia-Samen mit der Milch vermengen und etwa 10 Minuten quellen lassen.

3. In einer separaten Schüssel das geschmolzene Kokosöl oder die Butter mit dem Honig oder Ahornsirup verrühren. Die Eier einzeln unterrühren, dann den Vanilleextrakt hinzufügen.

4. Die feuchten Zutaten zu den trockenen Zutaten geben und gut vermengen.

5. Den Teig in die vorbereitete Brotform geben und glatt streichen.

6. Das Brot im vorgeheizten Ofen etwa 45-50 Minuten backen, oder bis ein Zahnstocher sauber herauskommt, wenn man ihn in die Mitte des Brotes steckt.

7. Das Brot aus dem Ofen nehmen und etwa 10 Minuten in der Form abkühlen lassen, bevor es auf einem Kuchengitter vollständig auskühlt.

8. Schokoladen-Haferflockenkuchen mit Avocado

Zutaten:

- 1 Tasse Haferflocken
- 1 Tasse Mehl
- 1/2 Tasse Kakaopulver
- 1 TL Backpulver
- 1/2 TL Backnatron
- Eine Prise Salz
- 1 reife Avocado, püriert
- 1/2 Tasse geschmolzenes Kokosöl oder Butter
- 1/2 Tasse brauner Zucker
- 2 Eier
- 1 TL Vanilleextrakt
- 1/2 Tasse griechischer Joghurt

Zubereitung:

1. Den Ofen auf 180 Grad Celsius vorheizen. Eine Backform einfetten und mit Mehl bestäuben.

2. In einer Schüssel die Haferflocken, das Mehl, das Kakaopulver, das Backpulver, das Backnatron und eine Prise Salz vermengen.

3. In einer separaten Schüssel die pürierte Avocado mit dem geschmolzenen Kokosöl oder der Butter und dem braunen Zucker verrühren. Die Eier einzeln unterrühren, dann den Vanilleextrakt hinzufügen.

4. Die feuchten Zutaten zu den trockenen Zutaten geben und gut vermengen.

5. Den griechischen Joghurt unterrühren, bis ein gleichmäßiger Teig entsteht.

6. Den Teig in die vorbereitete Backform geben und glatt streichen.

7. Den Kuchen im vorgeheizten Ofen etwa 30-35 Minuten backen, oder bis ein Zahnstocher sauber herauskommt, wenn man ihn in die Mitte des Kuchens steckt.

8. Den Kuchen aus dem Ofen nehmen und etwa 10 Minuten in der Form abkühlen lassen, bevor er auf einem Kuchengitter vollständig auskühlt.

9. Karotten-Walnuss-Haferflockenbrot

Zutaten:

- 1 1/2 Tassen Haferflocken
- 1 Tasse Mehl
- 1 TL Backpulver
- 1/2 TL Backnatron
- 1 TL Zimt
- Eine Prise Salz
- 1/2 Tasse geschmolzenes Kokosöl oder Butter
- 1/2 Tasse brauner Zucker
- 2 Eier
- 1 TL Vanilleextrakt
- 1 Tasse geriebene Karotten
- 1/2 Tasse gehackte Walnüsse

Zubereitung:

1. Den Ofen auf 180 Grad Celsius vorheizen. Eine Brotform einfetten und mit Mehl bestäuben.

2. In einer Schüssel die Haferflocken, das Mehl, das Backpulver, das Backnatron, den Zimt und eine Prise Salz vermengen.

3. In einer separaten Schüssel das geschmolzene Kokosöl oder die Butter mit dem braunen Zucker verrühren. Die Eier einzeln unterrühren, dann den Vanilleextrakt hinzufügen.

4. Die feuchten Zutaten zu den trockenen Zutaten geben und gut vermengen.

5. Die geriebenen Karotten und die gehackten Walnüsse vorsichtig unter den Teig heben.

6. Den Teig in die vorbereitete Brotform geben und glatt streichen.

7. Das Brot im vorgeheizten Ofen etwa 40-45 Minuten backen, oder bis ein Zahnstocher sauber herauskommt, wenn man ihn in die Mitte des Brotes steckt.

8. Das Brot aus dem Ofen nehmen und etwa 10 Minuten in der Form abkühlen lassen, bevor es auf einem Kuchengitter vollständig auskühlt.

10. Heidelbeer-Haferflockenkuchen mit Streuseln

Zutaten:

- 1 1/2 Tassen Haferflocken
- 1 Tasse Mehl
- 1 TL Backpulver
- 1/2 TL Backnatron
- Eine Prise Salz
- 1/2 Tasse geschmolzenes Kokosöl oder Butter
- 1/2 Tasse brauner Zucker
- 2 Eier
- 1 TL Vanilleextrakt
- 1 Tasse Heidelbeeren (frisch oder gefroren)

Streusel:

- 1/4 Tasse Haferflocken
- 1/4 Tasse Mehl
- 2 EL brauner Zucker

- 2 EL geschmolzenes Kokosöl oder Butter

Zubereitung:

1. Den Ofen auf 180 Grad Celsius vorheizen. Eine Backform einfetten und mit Mehl bestäuben.

2. In einer Schüssel die Haferflocken, das Mehl, das Backpulver, das Backnatron und eine Prise Salz vermengen.

3. In einer separaten Schüssel das geschmolzene Kokosöl oder die Butter mit dem braunen Zucker verrühren. Die Eier einzeln unterrühren, dann den Vanilleextrakt hinzufügen.

4. Die feuchten Zutaten zu den trockenen Zutaten geben und gut vermengen.

5. Die Heidelbeeren vorsichtig unter den Teig heben.

6. Den Teig in die vorbereitete Backform geben und glatt streichen.

7. Für die Streusel: In einer kleinen Schüssel die Haferflocken, das Mehl, den braunen Zucker und das geschmolzene Kokosöl oder die Butter vermengen, bis Streusel entstehen.

8. Die Streusel über den Teig krümeln.

9. Den Kuchen im vorgeheizten Ofen etwa 40-45 Minuten backen, oder bis ein Zahnstocher sauber herauskommt, wenn man ihn in die Mitte des Kuchens steckt.

10. Den Kuchen aus dem Ofen nehmen und etwa 10 Minuten in der Form abkühlen lassen, bevor er auf einem Kuchengitter vollständig auskühlt.

11. Aprikosen-Mandel-Haferflockenbrot

Zutaten:

- 1 1/2 Tassen Haferflocken
- 1 Tasse Mehl
- 1 TL Backpulver
- 1/2 TL Backnatron
- Eine Prise Salz
- 1/2 Tasse geschmolzenes Kokosöl oder Butter
- 1/2 Tasse brauner Zucker
- 2 Eier
- 1 TL Vanilleextrakt
- 1/2 Tasse gehackte getrocknete Aprikosen
- 1/2 Tasse gehackte Mandeln

Zubereitung:

1. Den Ofen auf 180 Grad Celsius vorheizen. Eine Brotform einfetten und mit Mehl bestäuben.

2. In einer Schüssel die Haferflocken, das Mehl, das Backpulver, das Backnatron und eine Prise Salz vermengen.

3. In einer separaten Schüssel das geschmolzene Kokosöl oder die Butter mit dem braunen Zucker verrühren. Die Eier einzeln unterrühren, dann den Vanilleextrakt hinzufügen.

4. Die feuchten Zutaten zu den trockenen Zutaten geben und gut vermengen.

5. Die gehackten getrockneten Aprikosen und Mandeln vorsichtig unter den Teig heben.

6. Den Teig in die vorbereitete Brotform geben und glatt streichen.

7. Das Brot im vorgeheizten Ofen etwa 40-45 Minuten backen, oder bis ein Zahnstocher sauber herauskommt, wenn man ihn in die Mitte des Brotes steckt.

8. Das Brot aus dem Ofen nehmen und etwa 10 Minuten in der Form abkühlen lassen, bevor es auf einem Kuchengitter vollständig auskühlt.

12. Zitronen-Haferflockenkuchen mit Mohn

Zutaten:

- 1 1/2 Tassen Haferflocken
- 1 Tasse Mehl
- 1 TL Backpulver
- 1/2 TL Backnatron
- Eine Prise Salz
- 1/2 Tasse geschmolzenes Kokosöl oder Butter
- 1/2 Tasse brauner Zucker
- 2 Eier
- Saft und abgeriebene Schale von 2 Zitronen
- 2 EL Mohnsamen

Zubereitung:

1. Den Ofen auf 180 Grad Celsius vorheizen. Eine Backform einfetten und mit Mehl bestäuben.

2. In einer Schüssel die Haferflocken, das Mehl, das Backpulver, das Backnatron und eine Prise Salz vermengen.

3. In einer separaten Schüssel das geschmolzene Kokosöl oder die Butter mit dem braunen Zucker verrühren. Die Eier einzeln unterrühren, dann den Zitronensaft und die abgeriebene Zitronenschale hinzufügen.

4. Die feuchten Zutaten zu den trockenen Zutaten geben und gut vermengen.

5. Den Mohnsamen unter den Teig heben.

6. Den Teig in die vorbereitete Backform geben und glatt streichen.

7. Den Kuchen im vorgeheizten Ofen etwa 30-35 Minuten backen, oder bis ein Zahnstocher sauber herauskommt, wenn man ihn in die Mitte des Kuchens steckt.

8. Den Kuchen aus dem Ofen nehmen und etwa 10 Minuten in der Form abkühlen lassen, bevor er auf einem Kuchengitter vollständig auskühlt.

13. Ahorn-Nuss-Haferflockenbrot

Zutaten:

- 1 1/2 Tassen Haferflocken
- 1 Tasse Mehl
- 1 TL Backpulver
- 1/2 TL Backnatron
- Eine Prise Salz
- 1/2 Tasse Ahornsirup
- 1/2 Tasse geschmolzenes Kokosöl oder Butter
- 2 Eier
- 1 TL Vanilleextrakt
- 1/2 Tasse gemischte gehackte Nüsse (z. B. Walnüsse, Pekannüsse, Mandeln)

Zubereitung:

1. Den Ofen auf 180 Grad Celsius vorheizen. Eine Brotform einfetten und mit Mehl bestäuben.

2. In einer Schüssel die Haferflocken, das Mehl, das Backpulver, das Backnatron und eine Prise Salz vermengen.

3. In einer separaten Schüssel den Ahornsirup mit dem geschmolzenen Kokosöl oder der Butter verrühren. Die Eier einzeln unterrühren, dann den Vanilleextrakt hinzufügen.

4. Die feuchten Zutaten zu den trockenen Zutaten geben und gut vermengen.

5. Die gemischten gehackten Nüsse vorsichtig unter den Teig heben.

6. Den Teig in die vorbereitete Brotform geben und glatt streichen.

7. Das Brot im vorgeheizten Ofen etwa 40-45 Minuten backen, oder bis ein Zahnstocher sauber herauskommt, wenn man ihn in die Mitte des Brotes steckt.

8. Das Brot aus dem Ofen nehmen und etwa 10 Minuten in der Form abkühlen lassen, bevor es auf einem Kuchengitter vollständig auskühlt.

14. Cranberry-Orangen-Haferflockenkuchen

Zutaten:

- 1 1/2 Tassen Haferflocken
- 1 Tasse Mehl
- 1 TL Backpulver
- 1/2 TL Backnatron
- Eine Prise Salz
- 1/2 Tasse geschmolzenes Kokosöl oder Butter
- 1/2 Tasse brauner Zucker
- 2 Eier
- Saft und abgeriebene Schale von 1 Orange
- 1/2 Tasse getrocknete Cranberries

Zubereitung:

1. Den Ofen auf 180 Grad Celsius vorheizen. Eine Backform einfetten und mit Mehl bestäuben.

2. In einer Schüssel die Haferflocken, das Mehl, das Backpulver, das Backnatron und eine Prise Salz vermengen.

3. In einer separaten Schüssel das geschmolzene Kokosöl oder die Butter mit dem braunen Zucker verrühren. Die Eier einzeln unterrühren, dann den Orangensaft und die ab geriebene Orangenschale hinzufügen.

4. Die feuchten Zutaten zu den trockenen Zutaten geben und gut vermengen.

5. Die getrockneten Cranberries vorsichtig unter den Teig heben.

6. Den Teig in die vorbereitete Backform geben und glatt streichen.

7. Den Kuchen im vorgeheizten Ofen etwa 30-35 Minuten backen, oder bis ein Zahnstocher sauber herauskommt, wenn man ihn in die Mitte des Kuchens steckt.

8. Den Kuchen aus dem Ofen nehmen und etwa 10 Minuten in der Form abkühlen lassen, bevor er auf einem Kuchengitter vollständig auskühlt.

15. Dattel-Walnuss-Haferflockenbrot

Zutaten:

- 1 1/2 Tassen Haferflocken
- 1 Tasse Mehl
- 1 TL Backpulver
- 1/2 TL Backnatron
- Eine Prise Salz
- 1/2 Tasse geschmolzenes Kokosöl oder Butter
- 1/2 Tasse brauner Zucker
- 2 Eier
- 1 TL Vanilleextrakt
- 1 Tasse gehackte entsteinte Datteln
- 1/2 Tasse gehackte Walnüsse

Zubereitung:

1. Den Ofen auf 180 Grad Celsius vorheizen. Eine Brotform einfetten und mit Mehl bestäuben.

2. In einer Schüssel die Haferflocken, das Mehl, das Backpulver, das Backnatron und eine Prise Salz vermengen.

3. In einer separaten Schüssel das geschmolzene Kokosöl oder die Butter mit dem braunen Zucker verrühren. Die Eier einzeln unterrühren, dann den Vanilleextrakt hinzufügen.

4. Die feuchten Zutaten zu den trockenen Zutaten geben und gut vermengen.

5. Die gehackten entsteinten Datteln und die gehackten Walnüsse vorsichtig unter den Teig heben.

6. Den Teig in die vorbereitete Brotform geben und glatt streichen.

7. Das Brot im vorgeheizten Ofen etwa 40-45 Minuten backen, oder bis ein Zahnstocher sauber herauskommt, wenn man ihn in die Mitte des Brotes steckt.

8. Das Brot aus dem Ofen nehmen und etwa 10 Minuten in der Form abkühlen lassen, bevor es auf einem Kuchengitter vollständig auskühlt.

Genießen Sie diese köstlichen Haferflockenrezepte mit Aprikosen, Mandeln, Ahornsirup, Cranberries und Datteln!

16. Espresso-Schokoladen-Haferflockenkuchen

Zutaten:*

- 1 Tasse Haferflocken
- 1 Tasse Mehl
- 1/2 Tasse Kakaopulver
- 1 TL Backpulver
- 1/2 TL Backnatron
- Eine Prise Salz
- 1/2 Tasse geschmolzenes Kokosöl oder Butter
- 1/2 Tasse brauner Zucker
- 2 Eier
- 1 TL Vanilleextrakt
- 1/2 Tasse starker Espresso, abgekühlt
- 1/2 Tasse Schokoladenstückchen

Zubereitung:

1. Den Ofen auf 180 Grad Celsius vorheizen. Eine Backform einfetten und mit Mehl bestäuben.

2. In einer Schüssel die Haferflocken, das Mehl, das Kakaopulver, das Backpulver, das Backnatron und eine Prise Salz vermengen.

3. In einer separaten Schüssel das geschmolzene Kokosöl oder die Butter mit dem braunen Zucker verrühren. Die Eier einzeln unterrühren, dann den Vanilleextrakt hinzufügen.

4. Die feuchten Zutaten zu den trockenen Zutaten geben und gut vermengen.

5. Den abgekühlten Espresso langsam unterrühren, bis ein gleichmäßiger Teig entsteht.

6. Die Schokoladenstückchen vorsichtig unter den Teig heben.

7. Den Teig in die vorbereitete Backform geben und glatt streichen.

8. Den Kuchen im vorgeheizten Ofen etwa 30-35 Minuten backen, oder bis ein Zahnstocher sauber herauskommt, wenn man ihn in die Mitte des Kuchens steckt.

9. Den Kuchen aus dem Ofen nehmen und etwa 10 Minuten in der Form abkühlen lassen, bevor er auf einem Kuchengitter vollständig auskühlt.

17. Erdnussbutter-Bananen-Haferflockenbrot**

Zutaten:

- 2 reife Bananen
- 1/2 Tasse Erdnussbutter
- 1/4 Tasse Ahornsirup oder Honig
- 1/4 Tasse geschmolzenes Kokosöl oder Butter
- 2 Eier
- 1 TL Vanilleextrakt
- 1 1/2 Tassen Haferflocken
- 1 TL Backpulver
- Eine Prise Salz
- Optional: gehackte Erdnüsse oder Schokoladenstückchen

Zubereitung:

1. Den Ofen auf 180 Grad Celsius vorheizen. Eine Brotform einfetten und mit Mehl bestäuben.

2. Die Bananen in einer Schüssel zerdrücken. Die Erdnussbutter, den Ahornsirup oder Honig, das geschmolzene Kokosöl oder die Butter und den Vanilleextrakt hinzufügen und gut vermischen.

3. Die Haferflocken, das Backpulver und eine Prise Salz hinzufügen. Nach Belieben gehackte Erdnüsse oder Schokoladenstückchen unterrühren.

4. Den Teig in die vorbereitete Brotform geben und glatt streichen.

5. Das Brot im vorgeheizten Ofen etwa 25-30 Minuten backen, oder bis ein Zahnstocher sauber herauskommt, wenn man ihn in die Mitte des Brotes steckt.

6. Das Brot aus dem Ofen nehmen und etwa 10 Minuten in der Form abkühlen lassen, bevor es auf einem Kuchengitter vollständig auskühlt.

18. Himbeer-Mandel-Haferflockenkuchen

Zutaten:

- 1 1/2 Tassen Haferflocken
- 1 Tasse Mehl
- 1 TL Backpulver
- 1/2 TL Backnatron
- Eine Prise Salz
- 1/2 Tasse geschmolzenes Kokosöl oder Butter
- 1/2 Tasse brauner Zucker
- 2 Eier
- 1 TL Vanilleextrakt
- 1 Tasse frische oder gefrorene Himbeeren
- 1/2 Tasse gehackte Mandeln

Zubereitung:

1. Den Ofen auf 180 Grad Celsius vorheizen. Eine Backform einfetten und mit Mehl bestäuben.

2. In einer Schüssel die Haferflocken, das Mehl, das Backpulver, das Backnatron und eine Prise Salz vermengen.

3. In einer separaten Schüssel das geschmolzene Kokosöl oder die Butter mit dem braunen Zucker verrühren. Die Eier einzeln unterrühren, dann den Vanilleextrakt hinzufügen.

4. Die feuchten Zutaten zu den trockenen Zutaten geben und gut vermengen.

5. Die Himbeeren und die gehackten Mandeln vorsichtig unter den Teig heben.

6. Den Teig in die vorbereitete Backform geben und glatt streichen.

7. Den Kuchen im vorgeheizten Ofen etwa 30-35 Minuten backen, oder bis ein Zahnstocher sauber herauskommt, wenn man ihn in die Mitte des Kuchens steckt.

8. Den Kuchen aus dem Ofen nehmen und etwa 10 Minuten in der Form abkühlen lassen, bevor er auf einem Kuchengitter vollständig auskühlt.

19. Spinat-Feta-Haferflockenbrot

Zutaten:

- 2 Tassen Haferflocken
- 1 Tasse Mehl
- 1 TL Backpulver
- 1/2 TL Backnatron
- Eine Prise Salz
- 1/4 Tasse geschmolzenes Kokosöl oder Butter
- 1/4 Tasse griechischer Joghurt
- 2 Eier
- 1 TL Vanilleextrakt
- 1 Tasse gehackter frischer Spinat
- 1/2 Tasse zerbröckelter Feta-Käse

Zubereitung:

1. Den Ofen auf 180 Grad Celsius vorheizen. Eine Brotform einfetten und mit Mehl bestäuben.

2. In einer Schüssel die Haferflocken, das Mehl, das Backpulver, das Backnatron und eine Prise Salz vermengen.

3. In einer separaten Schüssel das geschmolzene Kokosöl oder die Butter mit dem griechischen Joghurt verrühren. Die Eier einzeln unterrühren, dann den Vanilleextrakt hinzufügen.

4. Die feuchten Zutaten zu den trockenen Zutaten geben und gut vermengen.

5. Den gehackten frischen Spinat und den zerbröckelten Feta-Käse vorsichtig unter den Teig heben.

6. Den Teig in die vorbereitete Brotform geben und glatt streichen.

7. Das Brot im vorgeheizten Ofen etwa 40-45 Minuten backen, oder bis ein Zahnstocher sauber herauskommt, wenn man ihn in die Mitte des Brotes steckt.

8. Das Brot aus dem Ofen nehmen und etwa 10 Minuten in der Form abkühlen lassen, bevor es auf einem Kuchengitter vollständig auskühlt.

20. Blaubeer-Kokos-Haferflockenkuchen

Zutaten:

- 1 1/2 Tassen Haferflocken
- 1 Tasse Mehl
- 1 TL Backpulver
- 1/2 TL Backnatron
- Eine Prise Salz
- 1/2 Tasse geschmolzenes Kokosöl oder Butter
- 1/2 Tasse brauner Zucker
- 2 Eier
- 1 TL Vanilleextrakt
- 1 Tasse frische oder gefrorene Blaubeeren
- 1/2 Tasse Kokosraspeln

Zubereitung:

1. Den Ofen auf 180 Grad Celsius vorheizen. Eine Backform einfetten und mit Mehl bestäuben.

2. In einer Schüssel die Haferflocken, das Mehl, das Backpulver, das Backnatron und eine Prise Salz vermengen.

3. In einer separaten Schüssel das geschmolzene Kokosöl oder die Butter mit dem braunen Zucker verrühren. Die Eier einzeln unterrühren, dann den Vanilleextrakt hinzufügen.

4. Die feuchten Zutaten zu den trockenen Zutaten geben und gut vermengen.

5. Die Blaubeeren und die Kokosraspeln vorsichtig unter den Teig heben.

6. Den Teig in die vorbereitete Backform geben und glatt streichen.

7. Den Kuchen im vorgeheizten Ofen etwa 30-35 Minuten backen, oder bis ein Zahnstocher sauber herauskommt, wenn man ihn in die Mitte des Kuchens steckt.

8. Den Kuchen aus dem Ofen nehmen und etwa 10 Minuten in der Form abkühlen lassen, bevor er auf einem Kuchengitter vollständig auskühlt.

Genießen Sie diese köstlichen Haferflockenrezepte mit Espresso, Schokolade, Erdnussbutter, Bananen, Himbeeren, Mandeln, Spinat, Feta, Blaubeeren und Kokos!

21. Apfel-Zucchini-Haferflockenbrot

Zutaten:

- 1 1/2 Tassen Haferflocken
- 1 Tasse Mehl
- 1 TL Backpulver
- 1/2 TL Backnatron
- Eine Prise Salz
- 1/2 Tasse geschmolzenes Kokosöl oder Butter
- 1/2 Tasse brauner Zucker
- 2 Eier

- 1 TL Vanilleextrakt

- 1 Tasse geriebene Äpfel

- 1 Tasse geriebene Zucchini

- 1/2 Tasse gehackte Walnüsse

Zubereitung:

1. Den Ofen auf 180 Grad Celsius vorheizen. Eine Brotform einfetten und mit Mehl bestäuben.

2. In einer Schüssel die Haferflocken, das Mehl, das Backpulver, das Backnatron und eine Prise Salz vermengen.

3. In einer separaten Schüssel das geschmolzene Kokosöl oder die Butter mit dem braunen Zucker verrühren. Die Eier einzeln unterrühren, dann den Vanilleextrakt hinzufügen.

4. Die geriebenen Äpfel und Zucchini unter die feuchten Zutaten mischen.

5. Die feuchten Zutaten zu den trockenen Zutaten geben und gut vermengen.

6. Die gehackten Walnüsse vorsichtig unter den Teig heben.

7. Den Teig in die vorbereitete Brotform geben und glatt streichen.

8. Das Brot im vorgeheizten Ofen etwa 40-45 Minuten backen, oder bis ein Zahnstocher sauber herauskommt, wenn man ihn in die Mitte des Brotes steckt.

9. Das Brot aus dem Ofen nehmen und etwa 10 Minuten in der Form abkühlen lassen, bevor es auf einem Kuchengitter vollständig auskühlt.

22. Ingwer-Karotten-Haferflockenkuchen

Zutaten:

- 1 1/2 Tassen Haferflocken
- 1 Tasse Mehl
- 1 TL Backpulver
- 1/2 TL Backnatron
- Eine Prise Salz
- 1/2 Tasse geschmolzenes Kokosöl oder Butter
- 1/2 Tasse brauner Zucker
- 2 Eier
- 1 TL Vanilleextrakt
- 1 Tasse geriebene Karotten
- 2 EL frisch geriebener Ingwer

Zubereitung:

1. Den Ofen auf 180 Grad Celsius vorheizen. Eine Backform einfetten und mit Mehl bestäuben.

2. In einer Schüssel die Haferflocken, das Mehl, das Backpulver, das Backnatron und eine Prise Salz vermengen.

3. In einer separaten Schüssel das geschmolzene Kokosöl oder die Butter mit dem braunen Zucker verrühren. Die Eier einzeln unterrühren, dann den Vanilleextrakt hinzufügen.

4. Die geriebenen Karotten und den frisch geriebenen Ingwer unter die feuchten Zutaten mischen.

5. Die feuchten Zutaten zu den trockenen Zutaten geben und gut vermengen.

6. Den Teig in die vorbereitete Backform geben und glatt streichen.

7. Den Kuchen im vorgeheizten Ofen etwa 30-35 Minuten backen, oder bis ein Zahnstocher sauber herauskommt, wenn man ihn in die Mitte des Kuchens steckt.

8. Den Kuchen aus dem Ofen nehmen und etwa 10 Minuten in der Form abkühlen lassen, bevor er auf einem Kuchengitter vollständig auskühlt.

23. Kürbis-Walnuss-Haferflockenbrot

Zutaten:

- 1 1/2 Tassen Haferflocken

- 1 Tasse Mehl

- 1 TL Backpulver

- 1/2 TL Backnatron

- Eine Prise Salz

- 1 Tasse Kürbispüree

- 1/2 Tasse geschmolzenes Kokosöl oder Butter

- 1/2 Tasse brauner Zucker

- 2 Eier

- 1 TL Vanilleextrakt

- 1 TL Zimt

- 1/2 TL gemahlene Nelken

- 1/2 Tasse gehackte Walnüsse

Zubereitung:

1. Den Ofen auf 180 Grad Celsius vorheizen. Eine Brotform einfetten und mit Mehl bestäuben.

2. In einer Schüssel die Haferflocken, das Mehl, das Backpulver, das Backnatron, Salz, Zimt und gemahlene Nelken vermengen.

3. In einer separaten Schüssel das Kürbispüree, geschmolzenes Kokosöl oder Butter, brauner Zucker, Eier und Vanilleextrakt vermischen.

4. Die feuchten Zutaten zu den trockenen Zutaten geben und gut vermengen.

5. Die gehackten Walnüsse vorsichtig unter den Teig heben.

6. Den Teig in die vorbereitete Brotform geben und glatt streichen.

7. Das Brot im vorgeheizten Ofen etwa 45-50 Minuten backen, oder bis ein Zahnstocher sauber herauskommt, wenn man ihn in die Mitte des Brotes steckt.

8. Das Brot aus dem Ofen nehmen und etwa 10 Minuten in der Form abkühlen lassen, bevor es auf einem Kuchengitter vollständig auskühlt.

24. Pistazien-Kirsch-Haferflockenkuchen

Zutaten:

- 1 1/2 Tassen Haferflocken
- 1 Tasse Mehl
- 1 TL Backpulver
- 1/2 TL Backnatron
- Eine Prise Salz
- 1/2 Tasse geschmolzenes Kokosöl oder Butter
- 1/2 Tasse brauner Zucker
- 2 Eier
- 1 TL Vanilleextrakt
- 1 Tasse entsteinte Kirschen
- 1/2 Tasse gehackte Pistazien

Zubereitung:

1. Den Ofen auf 180 Grad Celsius vorheizen. Eine Backform einfetten und mit Mehl bestäuben.

2. In einer Schüssel die Haferflocken, das Mehl, das Backpulver, das Backnatron und eine Prise Salz vermengen.

3. In einer separaten Schüssel das geschmolzene Kokosöl oder die Butter mit dem braunen Zucker verrühren. Die Eier einzeln unterrühren, dann den Vanilleextrakt hinzufügen.

4. Die feuchten Zutaten zu den trockenen Zutaten geben und gut vermengen.

5. Die entsteinten Kirschen und die gehackten Pistazien vorsichtig unter den Teig heben.

6. Den Teig in die vorbereitete Backform geben und glatt streichen.

7. Den Kuchen im vorgeheizten Ofen etwa 30-35 Minuten backen, oder bis ein Zahnstocher sauber herauskommt, wenn man ihn in die Mitte des Kuchens steckt.

8. Den Kuchen aus dem Ofen nehmen und etwa 10 Minuten in der Form abkühlen lassen, bevor er auf einem Kuchengitter vollständig auskühlt.

25. Pfirsich-Mandel-Haferflockenbrot

Zutaten:

- 1 1/2 Tassen Haferflocken
- 1 Tasse Mehl
- 1 TL Backpulver
- 1/2 TL Backnatron
- Eine Prise Salz
- 1/2 Tasse geschmolzenes Kokosöl oder Butter
- 1/2 Tasse brauner Zucker
- 2 Eier
- 1 TL Vanilleextrakt
- 1 Tasse gehackte frische Pfirsiche
- 1/2 Tasse gehackte Mandeln

Zubereitung:

1. Den Ofen auf 180 Grad Celsius vorheizen. Eine Brotform einfetten und mit Mehl bestäuben.

2. In einer Schüssel die Haferflocken, das Mehl, das Backpulver, das Backnatron und eine Prise Salz vermengen.

3. In einer separaten Schüssel das geschmolzene Kokosöl oder die Butter mit dem braunen Zucker verrühren. Die Eier einzeln unterrühren, dann den Vanilleextrakt hinzufügen.

4. Die feuchten Zutaten zu den trockenen Zutaten geben und gut vermengen.

5. Die gehackten frischen Pfirsiche und die gehackten Mandeln vorsichtig unter den Teig heben.

6. Den Teig in die vorbereitete Brotform geben und glatt streichen.

7. Das Brot im vorgeheizten Ofen etwa 40-45 Minuten backen, oder bis ein Zahnstocher sauber herauskommt, wenn man ihn in die Mitte des Brotes steckt.

8. Das Brot aus dem Ofen nehmen und etwa 10 Minuten in der Form abkühlen lassen, bevor es auf einem Kuchengitter vollständig auskühlt.

Genießen Sie diese köstlichen Haferflockenrezepte mit Apfel, Zucchini, Ingwer, Karotten, Kürbis, Walnüssen, Pistazien, Kirschen, Mandeln und Pfirsichen!

26. Limetten-Kokos-Haferflockenkuchen

Zutaten:

- 1 1/2 Tassen Haferflocken

- 1 Tasse Mehl

- 1 TL Backpulver

- 1/2 TL Backnatron

- Eine Prise Salz

- 1/2 Tasse geschmolzenes Kokosöl

- 1/2 Tasse brauner Zucker

- 2 Eier

- 1 TL Vanilleextrakt

- Saft und abgeriebene Schale von 2 Limetten

- 1/2 Tasse Kokosraspeln

Zubereitung:

1. Den Ofen auf 180 Grad Celsius vorheizen. Eine Backform einfetten und mit Mehl bestäuben.

2. In einer Schüssel die Haferflocken, das Mehl, das Backpulver, das Backnatron und eine Prise Salz vermengen.

3. In einer separaten Schüssel das geschmolzene Kokosöl mit dem braunen Zucker verrühren. Die Eier einzeln unterrühren, dann den Vanilleextrakt, Limettensaft und abgeriebene Limettenschale hinzufügen.

4. Die feuchten Zutaten zu den trockenen Zutaten geben und gut vermengen.

5. Die Kokosraspeln vorsichtig unter den Teig heben.

6. Den Teig in die vorbereitete Backform geben und glatt streichen.

7. Den Kuchen im vorgeheizten Ofen etwa 30-35 Minuten backen, oder bis ein Zahnstocher sauber herauskommt, wenn man ihn in die Mitte des Kuchens steckt.

8. Den Kuchen aus dem Ofen nehmen und etwa 10 Minuten in der Form abkühlen lassen, bevor er auf einem Kuchengitter vollständig auskühlt

27. Rote-Bete-Schokoladen-Haferflockenbrot

Zutaten:

- 1 1/2 Tassen Haferflocken
- 1 Tasse Mehl
- 1/4 Tasse Kakaopulver
- 1 TL Backpulver
- 1/2 TL Backnatron
- Eine Prise Salz
- 1/2 Tasse geschmolzenes Kokosöl oder Butter
- 1/2 Tasse brauner Zucker
- 2 Eier
- 1 TL Vanilleextrakt
- 1 Tasse geriebene rohe Rote Bete
- 1/2 Tasse Schokoladenstückchen

Zubereitung:

1. Den Ofen auf 180 Grad Celsius vorheizen. Eine Brotform einfetten und mit Mehl bestäuben.

2. In einer Schüssel die Haferflocken, das Mehl, das Kakaopulver, das Backpulver, das Backnatron und eine Prise Salz vermengen.

3. In einer separaten Schüssel das geschmolzene Kokosöl oder die Butter mit dem braunen Zucker verrühren. Die Eier einzeln unterrühren, dann den Vanilleextrakt hinzufügen.

4. Die geriebene rohe Rote Bete unter die feuchten Zutaten mischen.

5. Die feuchten Zutaten zu den trockenen Zutaten geben und gut vermengen.

6. Die Schokoladenstückchen vorsichtig unter den Teig heben.

7. Den Teig in die vorbereitete Brotform geben und glatt streichen.

8. Das Brot im vorgeheizten Ofen etwa 40-45 Minuten backen, oder bis ein Zahnstocher sauber herauskommt, wenn man ihn in die Mitte des Brotes steckt.

9. Das Brot aus dem Ofen nehmen und etwa 10 Minuten in der Form abkühlen lassen, bevor es auf einem Kuchengitter vollständig auskühlt.

28. Beeren-Vanille-Haferflockenkuchen

Zutaten:

- 1 1/2 Tassen Haferflocken

- 1 Tasse Mehl

- 1 TL Backpulver

- 1/2 TL Backnatron

- Eine Prise Salz

- 1/2 Tasse geschmolzenes Kokosöl oder Butter

- 1/2 Tasse brauner Zucker

- 2 Eier

- 1 TL Vanilleextrakt

- 1 Tasse gemischte Beeren (z. B. Erdbeeren, Himbeeren, Blaubeeren)

- 1/2 Tasse gehackte Nüsse (optional)

Zubereitung:

1. Den Ofen auf 180 Grad Celsius vorheizen. Eine Backform einfetten und mit Mehl bestäuben.

2. In einer Schüssel die Haferflocken, das Mehl, das Backpulver, das Backnatron und eine Prise Salz vermengen.

3. In einer separaten Schüssel das geschmolzene Kokosöl oder die Butter mit dem braunen Zucker verrühren. Die Eier einzeln unterrühren, dann den Vanilleextrakt hinzufügen.

4. Die gemischten Beeren unter die feuchten Zutaten mischen.

5. Die feuchten Zutaten zu den trockenen Zutaten geben und gut vermengen.

6. Optional die gehackten Nüsse unter den Teig heben.

7. Den Teig in die vorbereitete Backform geben und glatt streichen.

8. Den Kuchen im vorgeheizten Ofen etwa 30-35 Minuten backen, oder bis ein Zahnstocher sauber herauskommt, wenn man ihn in die Mitte des Kuchens steckt.

9. Den Kuchen aus dem Ofen nehmen und etwa 10 Minuten in der Form abkühlen lassen, bevor er auf einem Kuchengitter vollständig auskühlt.

29. Quark-Haferflockenbrot mit Beeren

Zutaten:

- 1 1/2 Tassen Haferflocken
- 1 Tasse Mehl
- 1 TL Backpulver
- 1/2 TL Backnatron
- Eine Prise Salz
- 1/2 Tasse geschmolzenes Kokosöl oder Butter
- 1/2 Tasse brauner Zucker
- 2 Eier
- 1 TL Vanilleextrakt
- 1 Tasse Quark
- 1 Tasse gemischte Beeren (z. B. Erdbeeren, Himbeeren, Blaubeeren)

Zubereitung:

1. Den Ofen auf 180 Grad Celsius vorheizen. Eine Brotform einfetten und mit Mehl bestäuben.

2. In einer Schüssel die Haferflocken, das Mehl, das Backpulver, das Backnatron und eine Prise Salz vermengen.

3. In einer separaten Schüssel das geschmolzene Kokosöl oder die Butter mit dem braunen Zucker verrühren. Die Eier einzeln unterrühren, dann den Vanilleextrakt hinzufügen.

4. Den Quark unter die feuchten Zutaten mischen.

5. Die feuchten Zutaten zu den trockenen Zutaten geben und gut vermengen.

6. Die gemischten Beeren vorsichtig unter den Teig heben.

7. Den Teig in die vorbereitete Brotform geben und glatt streichen.

8. Das Brot im vorgeheizten Ofen etwa 40-45 Minuten backen, oder bis ein Zahnstocher sauber herauskommt, wenn man ihn in die Mitte des Brotes steckt.

9. Das Brot aus dem Ofen nehmen und etwa 10 Minuten in der Form abkühlen lassen, bevor es auf einem Kuchengitter vollständig auskühlt.

30. Matcha-Ingwer-Haferflockenkuchen

Zutaten:

- 1 1/2 Tassen Haferflocken
- 1 Tasse Mehl
- 1 TL Matcha-Pulver
- 1 TL Backpulver
- 1/2 TL Backnatron
- Eine Prise Salz
- 1/2 Tasse geschmolzenes Kokosöl oder Butter
- 1/2 Tasse brauner Zucker
- 2 Eier
- 1 TL Vanilleextrakt
- 1 EL frisch geriebener Ingwer
- 1/2 Tasse gehackte Mandeln oder Walnüsse

Zubereitung:

1. Den Ofen auf 180 Grad Celsius vorheizen. Eine Backform einfetten und mit Mehl bestäuben.

2. In einer Schüssel die Haferflocken, das Mehl, das Matcha-Pulver, das Backpulver, das Backnatron und eine Prise Salz vermengen.

3. In einer separaten Schüssel das geschmolzene Kokosöl oder die Butter mit dem braunen Zucker verrühren. Die Eier einzeln unterrühren, dann den Vanilleextrakt und den frisch geriebenen Ingwer hinzufügen.

4. Die feuchten Zutaten zu den trockenen Zutaten geben und gut vermengen.

5. Die gehackten Mandeln oder Walnüsse vorsichtig unter den Teig heben.

6. Den Teig in die vorbereitete Backform geben und glatt streichen.

7. Den Kuchen im vorgeheizten Ofen etwa 30-35 Minuten backen, oder bis ein Zahnstocher sauber herauskommt, wenn man ihn in die Mitte des Kuchens steckt.

8. Den Kuchen aus dem Ofen nehmen und etwa 10 Minuten in der Form abkühlen lassen, bevor er auf einem Kuchengitter vollständig auskühlt.

Genießen Sie diese vielfältigen Haferflockenrezepte mit Limetten, Kokos, Roter Bete, Schokolade, Beeren, Vanille, Quark, Matcha und Ingwer!

31. Haferflocken-Dattel-Brot mit Mandeln

Zutaten:

- 1 1/2 Tassen Haferflocken
- 1 Tasse Mehl
- 1 TL Backpulver
- 1/2 TL Backnatron
- Eine Prise Salz
- 1/2 Tasse geschmolzenes Kokosöl oder Butter
- 1/2 Tasse brauner Zucker
- 2 Eier
- 1 TL Vanilleextrakt
- 1 Tasse gehackte Datteln
- 1/2 Tasse gehackte Mandeln

Zubereitung:

1. Den Ofen auf 180 Grad Celsius vorheizen. Eine Brotform einfetten und mit Mehl bestäuben.

2. In einer Schüssel die Haferflocken, das Mehl, das Backpulver, das Backnatron und eine Prise Salz vermengen.

3. In einer separaten Schüssel das geschmolzene Kokosöl oder die Butter mit dem braunen Zucker verrühren. Die Eier einzeln unterrühren, dann den Vanilleextrakt hinzufügen.

4. Die gehackten Datteln und Mandeln unter die feuchten Zutaten mischen.

5. Die feuchten Zutaten zu den trockenen Zutaten geben und gut vermengen.

6. Den Teig in die vorbereitete Brotform geben und glatt streichen.

7. Das Brot im vorgeheizten Ofen etwa 40-45 Minuten backen, oder bis ein Zahnstocher sauber herauskommt, wenn man ihn in die Mitte des Brotes steckt.

8. Das Brot aus dem Ofen nehmen und etwa 10 Minuten in der Form abkühlen lassen, bevor es auf einem Kuchengitter vollständig auskühlt.

32. Orangen-Mandel-Haferflockenkuchen

Zutaten:

- 1 1/2 Tassen Haferflocken

- 1 Tasse Mehl

- 1 TL Backpulver

- 1/2 TL Backnatron

- Eine Prise Salz

- Saft und abgeriebene Schale von 2 Orangen

- 1/2 Tasse geschmolzenes Kokosöl oder Butter

- 1/2 Tasse brauner Zucker

- 2 Eier

- 1 TL Vanilleextrakt

- 1/2 Tasse gehackte Mandeln

Zubereitung:

1. Den Ofen auf 180 Grad Celsius vorheizen. Eine Backform einfetten und mit Mehl bestäuben.

2. In einer Schüssel die Haferflocken, das Mehl, das Backpulver, das Backnatron und eine Prise Salz vermengen.

3. In einer separaten Schüssel den Saft und die abgeriebene Schale von 2 Orangen mit dem geschmolzenen Kokosöl oder der Butter und dem braunen Zucker verrühren. Die Eier einzeln unterrühren, dann den Vanilleextrakt hinzufügen.

4. Die gehackten Mandeln unter die feuchten Zutaten mischen.

5. Die feuchten Zutaten zu den trockenen Zutaten geben und gut vermengen.

6. Den Teig in die vorbereitete Backform geben und glatt streichen.

7. Den Kuchen im vorgeheizten Ofen etwa 30-35 Minuten backen, oder bis ein Zahnstocher sauber herauskommt, wenn man ihn in die Mitte des Kuchens steckt.

8. Den Kuchen aus dem Ofen nehmen und etwa 10 Minuten in der Form abkühlen lassen, bevor er auf einem Kuchengitter vollständig auskühlt.

33. Tomaten-Basilikum-Haferflockenbrot

Zutaten:

- 1 1/2 Tassen Haferflocken
- 1 Tasse Mehl
- 1 TL Backpulver
- 1/2 TL Backnatron
- Eine Prise Salz
- 1 Tasse passierte Tomaten
- 1/2 Tasse geschmolzenes Kokosöl oder Butter
- 2 Eier
- 1 TL getrocknetes Basilikum
- 1 TL getrockneter Oregano

Zubereitung:

1. Den Ofen auf 180 Grad Celsius vorheizen. Eine Brotform einfetten und mit Mehl bestäuben.

2. In einer Schüssel die Haferflocken, das Mehl, das Backpulver, das Backnatron und eine Prise Salz vermengen.

3. In einer separaten Schüssel die passierten Tomaten mit dem geschmolzenen Kokosöl oder der Butter vermischen. Die Eier einzeln unterrühren, dann das getrocknete Basilikum und der Oregano hinzufügen.

4. Die feuchten Zutaten zu den trockenen Zutaten geben und gut vermengen.

5. Den Teig in die vorbereitete Brotform geben und glatt streichen.

6. Das Brot im vorgeheizten Ofen etwa 40-45 Minuten backen, oder bis ein Zahnstocher sauber herauskommt, wenn man ihn in die Mitte des Brotes steckt.

7. Das Brot aus dem Ofen nehmen und etwa 10 Minuten in der Form abkühlen lassen, bevor es auf einem Kuchengitter vollständig auskühlt.

34. Weiße-Schokoladen-Himbeer-Haferflockenkuchen

Zutaten:

- 1 1/2 Tassen Haferflocken
- 1 Tasse Mehl
- 1 TL Backpulver
- 1/2 TL Backnatron
- Eine Prise Salz
- 1/2 Tasse geschmolzenes Kokosöl oder Butter
- 1/2 Tasse brauner Zucker
- 2 Eier
- 1 TL Vanilleextrakt
- 1 Tasse weiße Schokoladenstückchen
- 1 Tasse frische Himbeeren

Zubereitung:

1. Den Ofen auf 180 Grad Celsius vorheizen. Eine Backform einfetten und mit Mehl bestäuben.

2. In einer Schüssel die Haferflocken, das Mehl, das Backpulver, das Backnatron und eine Prise Salz vermengen.

3. In einer separaten Schüssel das geschmolzene Kokosöl oder die Butter mit dem braunen Zucker verrühren. Die Eier einzeln unterrühren, dann den Vanilleextrakt hinzufügen.

4. Die weißen Schokoladenstückchen und die frischen Himbeeren unter die feuchten Zutaten mischen.

5. Die feuchten Zutaten zu den trockenen Zutaten geben und gut vermengen.

6. Den Teig in die vorbereitete Backform geben und glatt streichen.

7. Den Kuchen im vorgeheizten Ofen etwa 30-35 Minuten backen, oder bis ein Zahnstocher sauber herauskommt, wenn man ihn in die Mitte des Kuchens steckt.

8. Den Kuchen aus dem Ofen nehmen und etwa 10 Minuten in der Form abkühlen lassen, bevor er auf einem Kuchengitter vollständig auskühlt.

35. Rhabarber-Vanille-Haferflockenbrot

Zutaten:

- 1 1/2 Tassen Haferflocken
- 1 Tasse Mehl
- 1 TL Backpulver
- 1/2 TL Backnatron
- Eine Prise Salz
- 1/2 Tasse geschmolzenes Kokosöl oder Butter
- 1/2 Tasse brauner Zucker
- 2 Eier
- 1 TL Vanilleextrakt
- 1 Tasse gehackter Rhabarber

Zubereitung:

1. Den Ofen auf 180 Grad Celsius vorheizen. Eine Brotform einfetten und mit Mehl bestäuben.

2. In einer Schüssel die Haferflocken, das Mehl, das Backpulver, das Backnatron und eine Prise Salz vermengen.

3. In einer separaten Schüssel das geschmolzene Kokosöl oder die Butter mit dem braunen Zucker verrühren. Die Eier einzeln unterrühren, dann den Vanilleextrakt hinzufügen.

4. Den gehackten Rhabarber unter die feuchten Zutaten mischen.

5. Die feuchten Zutaten zu den trockenen Zutaten geben und gut vermengen.

6. Den Teig in die vorbereitete Brotform geben und glatt streichen.

7. Das Brot im vorgeheizten Ofen etwa 40-45 Minuten backen, oder bis ein Zahnstocher sauber herauskommt, wenn man ihn in die Mitte des Brotes steckt.

8. Das Brot aus dem Ofen nehmen und etwa 10 Minuten in der Form abkühlen lassen, bevor es auf einem Kuchengitter vollständig auskühlt.

36. Cashew-Feigen-Haferflockenkuchen

Zutaten:

- 1 1/2 Tassen Haferflocken
- 1 Tasse Mehl
- 1 TL Backpulver
- 1/2 TL Backnatron
- Eine Prise Salz
- 1/2 Tasse geschmolzenes Kokosöl oder Butter
- 1/2 Tasse brauner Zucker
- 2 Eier
- 1 TL Vanilleextrakt
- 1 Tasse gehackte Cashewnüsse
- 1 Tasse gehackte getrocknete Feigen

Zubereitung:

1. Den Ofen auf 180 Grad Celsius vorheizen. Eine Backform einfetten und mit Mehl bestäuben.

2. In einer Schüssel die Haferflocken, das Mehl, das Backpulver, das Backnatron und eine Prise Salz vermengen.

3. In einer separaten Schüssel das geschmolzene Kokosöl oder die Butter mit dem braunen Zucker verrühren. Die Eier einzeln unterrühren, dann den Vanilleextrakt hinzufügen.

4. Die gehackten Cashewnüsse und getrockneten Feigen unter die feuchten Zutaten mischen.

5. Die feuchten Zutaten zu den trockenen Zutaten geben und gut vermengen.

6. Den Teig in die vorbereitete Backform geben und glatt streichen.

7. Den Kuchen im vorgeheizten Ofen etwa 30-35 Minuten backen, oder bis ein Zahnstocher sauber herauskommt, wenn man ihn in die Mitte des Kuchens steckt.

8. Den Kuchen aus dem Ofen nehmen und etwa 10 Minuten in der Form abkühlen lassen, bevor er auf einem Kuchengitter vollständig auskühlt.

37. Kürbis-Schoko-Chip-Haferflockenbrot

Zutaten:

- 1 1/2 Tassen Haferflocken

- 1 Tasse Mehl

- 1 TL Backpulver

- 1/2 TL Backnatron

- Eine Prise Salz

- 1 Tasse Kürbispüree

- 1/2 Tasse geschmolzenes Kokosöl oder Butter

- 1/2 Tasse brauner Zucker

- 2 Eier

- 1 TL Vanilleextrakt

- 1/2 Tasse Schokoladenstückchen

Zubereitung:

1. Den Ofen auf 180 Grad Celsius vorheizen. Eine Brotform einfetten und mit Mehl bestäuben.

2. In einer Schüssel die Haferflocken, das Mehl, das Backpulver, das Backnatron und eine Prise Salz vermengen.

3. In einer separaten Schüssel das Kürbispüree mit dem geschmolzenen Kokosöl oder der Butter vermischen. Die Eier einzeln unterrühren, dann den braunen Zucker und den Vanilleextrakt hinzufügen.

4. Die Schokoladenstückchen unter die feuchten Zutaten mischen.

5. Die feuchten Zutaten zu den trockenen Zutaten geben und gut vermengen.

6. Den Teig in die vorbereitete Brotform geben und glatt streichen.

7. Das Brot im vorgeheizten Ofen etwa 40-45 Minuten backen, oder bis ein Zahnstocher sauber herauskommt, wenn man ihn in die Mitte des Brotes steckt.

8. Das Brot aus dem Ofen nehmen und etwa 10 Minuten in der Form abkühlen lassen, bevor es auf einem Kuchengitter vollständig auskühlt.

Genießen Sie diese köstlichen Haferflockenrezepte mit Datteln, Mandeln, Orangen, Rhabarber, Cashewnüssen, Feigen, Kürbis und Schokolade!

38. Apfel-Rosmarin-Haferflockenkuchen

Zutaten:

- 1 1/2 Tassen Haferflocken
- 1 Tasse Mehl
- 1 TL Backpulver
- 1/2 TL Backnatron
- Eine Prise Salz
- 2 Äpfel, geschält, entkernt und gewürfelt
- 2 EL frischer Rosmarin, fein gehackt
- 1/2 Tasse geschmolzenes Kokosöl oder Butter
- 1/2 Tasse brauner Zucker
- 2 Eier
- 1 TL Vanilleextrakt

Zubereitung:

1. Den Ofen auf 180 Grad Celsius vorheizen. Eine Backform einfetten und mit Mehl bestäuben.

2. In einer Schüssel die Haferflocken, das Mehl, das Backpulver, das Backnatron und eine Prise Salz vermengen.

3. Die gewürfelten Äpfel und den gehackten Rosmarin unter die trockenen Zutaten mischen.

4. In einer separaten Schüssel das geschmolzene Kokosöl oder die Butter mit dem braunen Zucker verrühren. Die Eier einzeln unterrühren, dann den Vanilleextrakt hinzufügen.

5. Die feuchten Zutaten zu den trockenen Zutaten geben und gut vermengen.

6. Den Teig in die vorbereitete Backform geben und glatt streichen.

7. Den Kuchen im vorgeheizten Ofen etwa 30-35 Minuten backen, oder bis ein Zahnstocher sauber herauskommt, wenn man ihn in die Mitte des Kuchens steckt.

8. Den Kuchen aus dem Ofen nehmen und etwa 10 Minuten in der Form abkühlen lassen, bevor er auf einem Kuchengitter vollständig auskühlt.

39. Birnen-Walnuss-Haferflockenbrot

Zutaten:

- 1 1/2 Tassen Haferflocken
- 1 Tasse Mehl
- 1 TL Backpulver
- 1/2 TL Backnatron
- Eine Prise Salz
- 2 Birnen, geschält, entkernt und gewürfelt
- 1/2 Tasse gehackte Walnüsse
- 1/2 Tasse geschmolzenes Kokosöl oder Butter
- 1/2 Tasse brauner Zucker
- 2 Eier
- 1 TL Vanilleextrakt

Zubereitung:

1. Den Ofen auf 180 Grad Celsius vorheizen. Eine Brotform einfetten und mit Mehl bestäuben.

2. In einer Schüssel die Haferflocken, das Mehl, das Backpulver, das Backnatron und eine Prise Salz vermengen.

3. Die gewürfelten Birnen und die gehackten Walnüsse unter die trockenen Zutaten mischen.

4. In einer separaten Schüssel das geschmolzene Kokosöl oder die Butter mit dem braunen Zucker verrühren. Die Eier einzeln unterrühren, dann den Vanilleextrakt hinzufügen.

5. Die feuchten Zutaten zu den trockenen Zutaten geben und gut vermengen.

6. Den Teig in die vorbereitete Brotform geben und glatt streichen.

7. Das Brot im vorgeheizten Ofen etwa 40-45 Minuten backen, oder bis ein Zahnstocher sauber herauskommt, wenn man ihn in die Mitte des Brotes steckt.

8. Das Brot aus dem Ofen nehmen und etwa 10 Minuten in der Form abkühlen lassen, bevor es auf einem Kuchengitter vollständig auskühlt.

40. Erdbeer-Balsamico-Haferflockenkuchen

Zutaten:

- 1 1/2 Tassen Haferflocken
- 1 Tasse Mehl
- 1 TL Backpulver
- 1/2 TL Backnatron
- Eine Prise Salz
- 1 Tasse Erdbeeren, gewaschen, entstielt und halbiert
- 2 EL Balsamico-Essig
- 1/2 Tasse geschmolzenes Kokosöl oder Butter
- 1/2 Tasse brauner Zucker
- 2 Eier
- 1 TL Vanilleextrakt

Zubereitung:

1. Den Ofen auf 180 Grad Celsius vorheizen. Eine Backform einfetten und mit Mehl bestäuben.

2. In einer Schüssel die Haferflocken, das Mehl, das Backpulver, das Backnatron und eine Prise Salz vermengen.

3. Die halbierten Erdbeeren mit dem Balsamico-Essig marinieren und beiseite stellen.

4. In einer separaten Schüssel das geschmolzene Kokosöl oder die Butter mit dem braunen Zucker verrühren. Die Eier einzeln unterrühren, dann den Vanilleextrakt hinzufügen.

5. Die marinierten Erdbeeren unter die feuchten Zutaten mischen.

6. Die feuchten Zutaten zu den trockenen Zutaten geben und gut vermengen.

7. Den Teig in die vorbereitete Backform geben und glatt streichen.

8. Den Kuchen im vorgeheizten Ofen etwa 30-35 Minuten backen, oder bis ein Zahnstocher sauber herauskommt, wenn man ihn in die Mitte des Kuchens steckt.

9. Den Kuchen aus dem Ofen nehmen und etwa 10 Minuten in der Form abkühlen lassen, bevor er auf einem Kuchengitter vollständig auskühlt.

41. Mohn-Orangen-Haferflockenbrot

Zutaten:

- 1 1/2 Tassen Haferflocken

- 1 Tasse Mehl

- 1 TL Backpulver

- 1/2 TL Backnatron

- Eine Prise Salz

- Saft und abgeriebene Schale von 2 Orangen

- 2 EL Mohnsamen

- 1/2 Tasse geschmolzenes Kokosöl oder Butter

- 1/2 Tasse brauner Zucker

- 2 Eier

- 1 TL Vanilleextrakt

Zubereitung:

1. Den Ofen auf 180 Grad Celsius vorheizen. Eine Brotform einfetten und mit Mehl bestäuben.

2. In einer Schüssel die Haferflocken, das Mehl, das Backpulver, das Backnatron und eine Prise Salz vermengen.

3. Den Saft und die abgeriebene Schale von 2 Orangen sowie die Mohnsamen zu den trockenen Zutaten geben und vermischen.

4. In einer separaten Schüssel das geschmolzene Kokosöl oder die Butter mit dem braunen Zucker verrühren. Die Eier einzeln unterrühren, dann den Vanilleextrakt hinzufügen.

5. Die feuchten Zutaten zu den trockenen Zutaten geben und gut vermengen.

6. Den Teig in die vorbereitete Brotform geben und glatt streichen.

7. Das Brot im vorgeheizten Ofen etwa 40-45 Minuten backen, oder bis ein Zahnstocher sauber herauskommt, wenn man ihn in die Mitte des Brotes steckt.

8. Das Brot aus dem Ofen nehmen und etwa 10 Minuten in der Form abkühlen lassen, bevor es auf einem Kuchengitter vollständig auskühlt.

42. Haselnuss-Mango-Haferflockenkuchen

Zutaten:

- 1 1/2 Tassen Haferflocken
- 1 Tasse Mehl
- 1 TL Backpulver
- 1/2 TL Backnatron
- Eine Prise Salz
- 1 Tasse Mangowürfel
- 1/2 Tasse gehackte Haselnüsse
- 1/2 Tasse geschmolzenes Kokosöl oder Butter
- 1/2 Tasse brauner Zucker
- 2 Eier
- 1 TL Vanilleextrakt

Zubereitung:

1. Den Ofen auf 180 Grad Celsius vorheizen. Eine Backform einfetten und mit Mehl bestäuben.

2. In einer Schüssel die Haferflocken, das Mehl, das Backpulver, das Backnatron und eine Prise Salz vermengen.

3. Die Mangowürfel und die gehackten Haselnüsse unter die trockenen Zutaten mischen.

4. In einer separaten Schüssel das geschmolzene Kokosöl oder die Butter mit dem braunen Zucker verrühren. Die Eier einzeln unterrühren, dann den Vanilleextrakt hinzufügen.

5. Die feuchten Zutaten zu den trockenen Zutaten geben und gut vermengen.

6. Den Teig in die vorbereitete Backform geben und glatt streichen.

7. Den Kuchen im vorgeheizten Ofen etwa 30-35 Minuten backen, oder bis ein Zahnstocher sauber herauskommt, wenn man ihn in die Mitte des Kuchens steckt.

8. Den Kuchen aus dem Ofen nehmen und etwa 10 Minuten in der Form abkühlen lassen, bevor er auf einem Kuchengitter vollständig auskühlt.

43. Haferflocken-Chili-Schokoladenbrot

Zutaten:

- 1 1/2 Tassen Haferflocken

- 1 Tasse Mehl

- 1 TL Backpulver

- 1/2 TL Backnatron

- Eine Prise Salz

- 1/2 Tasse Kakao

- 1 TL gemahlener Chili

- 1/2 Tasse geschmolzenes Kokosöl oder Butter

- 1/2 Tasse brauner Zucker

- 2 Eier

- 1 TL Vanilleextrakt

- 1/2 Tasse Schokoladenstückchen

Zubereitung:

1. Den Ofen auf 180 Grad Celsius vorheizen. Eine Brotform einfetten und mit Mehl bestäuben.

2. In einer Schüssel die Haferflocken, das Mehl, das Backpulver, das Backnatron, eine Prise Salz, Kakao und gemahlenen Chili vermengen.

3. In einer separaten Schüssel das geschmolzene Kokosöl oder die Butter mit dem braunen Zucker verrühren. Die Eier einzeln unterrühren, dann den Vanilleextrakt hinzufügen.

4. Die Schokoladenstückchen unter die feuchten Zutaten mischen.

5. Die feuchten Zutaten zu den trockenen Zutaten geben und gut vermengen.

6. Den Teig in die vorbereitete Brotform geben und glatt streichen.

7. Das Brot im vorgeheizten Ofen etwa 40-45 Minuten backen, oder bis ein Zahnstocher sauber herauskommt, wenn man ihn in die Mitte des Brotes steckt.

8. Das Brot aus dem Ofen nehmen und etwa 10 Minuten in der Form abkühlen lassen, bevor es auf einem Kuchengitter vollständig auskühlt. Genießen Sie diese vielfältigen Haferflockenrezepte mit Apfel, Rosmarin, Birnen, Walnüssen, Erdbeeren, Balsamico, Mohn, Orangen, Haselnüssen, Mango und Schokolade!

44. Papaya-Kokos-Haferflockenkuchen

Zutaten:

- 1 1/2 Tassen Haferflocken
- 1 Tasse Mehl
- 1 TL Backpulver
- 1/2 TL Backnatron
- Eine Prise Salz
- 1 Tasse gewürfelte Papaya
- 1/2 Tasse Kokosraspeln
- 1/2 Tasse geschmolzenes Kokosöl oder Butter
- 1/2 Tasse brauner Zucker
- 2 Eier
- 1 TL Vanilleextrakt

Zubereitung:

1. Den Ofen auf 180 Grad Celsius vorheizen. Eine Backform einfetten und mit Mehl bestäuben.

2. In einer Schüssel die Haferflocken, das Mehl, das Backpulver, das Backnatron und eine Prise Salz vermengen.

3. Die gewürfelte Papaya und die Kokosraspeln unter die trockenen Zutaten mischen.

4. In einer separaten Schüssel das geschmolzene Kokosöl oder die Butter mit dem braunen Zucker verrühren. Die Eier einzeln unterrühren, dann den Vanilleextrakt hinzufügen.

5. Die feuchten Zutaten zu den trockenen Zutaten geben und gut vermengen.

6. Den Teig in die vorbereitete Backform geben und glatt streichen.

7. Den Kuchen im vorgeheizten Ofen etwa 30-35 Minuten backen, oder bis ein Zahnstocher sauber herauskommt, wenn man ihn in die Mitte des Kuchens steckt.

8. Den Kuchen aus dem Ofen nehmen und etwa 10 Minuten in der Form abkühlen lassen, bevor er auf einem Kuchengitter vollständig auskühlt.

45. Feigen-Pistazien-Haferflockenbrot

Zutaten:

- 1 1/2 Tassen Haferflocken

- 1 Tasse Mehl

- 1 TL Backpulver

- 1/2 TL Backnatron

- Eine Prise Salz

- 1 Tasse gehackte getrocknete Feigen

- 1/2 Tasse gehackte Pistazien

- 1/2 Tasse geschmolzenes Kokosöl oder Butter

- 1/2 Tasse brauner Zucker

- 2 Eier

- 1 TL Vanilleextrakt

Zubereitung:

1. Den Ofen auf 180 Grad Celsius vorheizen. Eine Brotform einfetten und mit Mehl bestäuben.

2. In einer Schüssel die Haferflocken, das Mehl, das Backpulver, das Backnatron und eine Prise Salz vermengen.

3. Die gehackten getrockneten Feigen und die gehackten Pistazien unter die trockenen Zutaten mischen.

4. In einer separaten Schüssel das geschmolzene Kokosöl oder die Butter mit dem braunen Zucker verrühren. Die Eier einzeln unterrühren, dann den Vanilleextrakt hinzufügen.

5. Die feuchten Zutaten zu den trockenen Zutaten geben und gut vermengen.

6. Den Teig in die vorbereitete Brotform geben und glatt streichen.

7. Das Brot im vorgeheizten Ofen etwa 40-45 Minuten backen, oder bis ein Zahnstocher sauber herauskommt, wenn man ihn in die Mitte des Brotes steckt.

8. Das Brot aus dem Ofen nehmen und etwa 10 Minuten in der Form abkühlen lassen, bevor es auf einem Kuchengitter vollständig auskühlt.

46. Pflaumen-Ingwer-Haferflockenkuchen

Zutaten:

- 1 1/2 Tassen Haferflocken
- 1 Tasse Mehl
- 1 TL Backpulver
- 1/2 TL Backnatron
- Eine Prise Salz
- 1 Tasse gewürfelte Pflaumen
- 2 EL frischer Ingwer, fein gehackt
- 1/2 Tasse geschmolzenes Kokosöl oder Butter
- 1/2 Tasse brauner Zucker
- 2 Eier
- 1 TL Vanilleextrakt

Zubereitung:

1. Den Ofen auf 180 Grad Celsius vorheizen. Eine Backform einfetten und mit Mehl bestäuben.

2. In einer Schüssel die Haferflocken, das Mehl, das Backpulver, das Backnatron und eine Prise Salz vermengen.

3. Die gewürfelten Pflaumen und den fein gehackten Ingwer unter die trockenen Zutaten mischen.

4. In einer separaten Schüssel das geschmolzene Kokosöl oder die Butter mit dem braunen Zucker verrühren. Die Eier einzeln unterrühren, dann den Vanilleextrakt hinzufügen.

5. Die feuchten Zutaten zu den trockenen Zutaten geben und gut vermengen.

6. Den Teig in die vorbereitete Backform geben und glatt streichen.

7. Den Kuchen im vorgeheizten Ofen etwa 30-35 Minuten backen, oder bis ein Zahnstocher sauber herauskommt, wenn man ihn in die Mitte des Kuchens steckt.

8. Den Kuchen aus dem Ofen nehmen und etwa 10 Minuten in der Form abkühlen lassen, bevor er auf einem Kuchengitter vollständig auskühlt.

47. Haferflocken-Sesam-Brot mit Rosinen

Zutaten:

- 1 1/2 Tassen Haferflocken
- 1 Tasse Mehl
- 1 TL Backpulver
- 1/2 TL Backnatron
- Eine Prise Salz
- 2 EL Sesamsamen
- 1/2 Tasse Rosinen
- 1/2 Tasse geschmolzenes Kokosöl oder Butter
- 1/2 Tasse brauner Zucker
- 2 Eier
- 1 TL Vanilleextrakt

Zubereitung:

1. Den Ofen auf 180 Grad Celsius vorheizen. Eine Brotform einfetten und mit Mehl bestäuben.

2. In einer Schüssel die Haferflocken, das Mehl, das Backpulver, das Backnatron und eine Prise Salz vermengen.

3. Die Sesamsamen und die Rosinen unter die trockenen Zutaten mischen.

4. In einer separaten Schüssel das geschmolzene Kokosöl oder die Butter mit dem braunen Zucker verrühren. Die Eier einzeln unterrühren, dann den Vanilleextrakt hinzufügen.

5. Die feuchten Zutaten zu den trockenen Zutaten geben und gut vermengen.

6. Den Teig in die vorbereitete Brotform geben und glatt streichen.

7. Das Brot im vorgeheizten Ofen etwa 40-45 Minuten backen, oder bis ein Zahnstocher sauber herauskommt, wenn man ihn in die Mitte des Brotes steckt.

8. Das Brot aus dem Ofen nehmen und etwa 10 Minuten in der Form abkühlen lassen, bevor es auf einem Kuchengitter vollständig auskühlt.

48. Apfel-Kürbis-Haferflockenkuchen

Zutaten:

- 1 1/2 Tassen Haferflocken

- 1 Tasse Mehl

- 1 TL Backpulver

- 1/2 TL Backnatron

- Eine Prise Salz

- 1 Tasse gewürfelte Äpfel

- 1 Tasse Kürbispüree

- 1 TL Zimt

- 1/2 Tasse geschmolzenes Kokosöl oder Butter

- 1/2 Tasse brauner Zucker

- 2 Eier

- 1 TL Vanilleextrakt

Zubereitung:

1. Den Ofen auf 180 Grad Celsius vorheizen. Eine Backform einfetten und mit Mehl bestäuben.

2. In einer Schüssel die Haferflocken, das Mehl, das Backpulver, das Backnatron und eine Prise Salz vermengen.

3. Die gewürfelten Äpfel, das Kürbispüree und den Zimt unter die trockenen Zutaten mischen.

4. In einer separaten Schüssel das geschmolzene Kokosöl oder die Butter mit dem braunen Zucker verrühren. Die Eier einzeln unterrühren, dann den Vanilleextrakt hinzufügen.

5. Die feuchten Zutaten zu den trockenen Zutaten geben und gut vermengen.

6. Den Teig in die vorbereitete Backform geben und glatt streichen.

7. Den Kuchen im vorgeheizten Ofen etwa 30-35 Minuten backen, oder bis ein Zahnstocher sauber herauskommt, wenn man ihn in die Mitte des Kuchens steckt.

8. Den Kuchen aus dem Ofen nehmen und etwa 10 Minuten in der Form abkühlen lassen, bevor er auf einem Kuchengitter vollständig auskühlt.

49. Vanille-Kokos-Haferflockenbrot mit Beeren

Zutaten:

- 1 1/2 Tassen Haferflocken

- 1 Tasse Mehl

- 1 TL Backpulver

- 1/2 TL Backnatron

- Eine Prise Salz

- 1 Tasse gemischte Beeren (z. B. Himbeeren, Blaubeeren, Erdbeeren)

- 1/2 Tasse Kokosraspeln

- 1/2 Tasse geschmolzenes Kokosöl oder Butter

- 1/2 Tasse brauner Zucker

- 2 Eier

- 1 TL Vanilleextrakt

Zubereitung:

1. Den Ofen auf 180 Grad Celsius vorheizen. Eine Brotform einfetten und mit Mehl bestäuben.

2. In einer Schüssel die Haferflocken, das Mehl, das Backpulver, das Backnatron und eine Prise Salz vermengen.

3. Die gemischten Beeren und die Kokosraspeln unter die trockenen Zutaten mischen.

4. In einer separaten Schüssel das geschmolzene Kokosöl oder die Butter mit dem braunen Zucker verrühren. Die Eier einzeln unterrühren, dann den Vanilleextrakt hinzufügen.

5. Die feuchten Zutaten zu den trockenen Zutaten geben und gut vermengen.

6. Den Teig in die vorbereitete Brotform geben und glatt streichen.

7. Das Brot im vorgeheizten Ofen etwa 40-45 Minuten backen, oder bis ein Zahnstocher sauber herauskommt, wenn man ihn in die Mitte des Brotes steckt.

8. Das Brot aus dem Ofen nehmen und etwa 10 Minuten in der Form abkühlen lassen, bevor es auf einem Kuchengitter vollständig auskühlt.

50. Espresso-Haferflockenkuchen mit Haselnüssen

Zutaten:

- 1 1/2 Tassen Haferflocken
- 1 Tasse Mehl
- 1 TL Backpulver
- 1/2 TL Backnatron
- Eine Prise Salz
- 2 EL gemahlener Espresso
- 1/2 Tasse gehackte Haselnüsse
- 1/2 Tasse geschmolzenes Kokosöl oder Butter
- 1/2 Tasse brauner Zucker
- 2 Eier
- 1 TL Vanilleextrakt

Zubereitung:*

1. Den Ofen auf 180 Grad Celsius vorheizen. Eine Backform einfetten und mit Mehl bestäuben.

2. In einer Schüssel die Haferflocken, das Mehl, das Backpulver, das Backnatron, eine Prise Salz und den gemahlenen Espresso vermengen.

3. Die gehackten Haselnüsse unter die trockenen Zutaten mischen.

4. In einer separaten Schüssel das geschmolzene Kokosöl oder die Butter mit dem braunen Zucker verrühren. Die Eier einzeln unterrühren, dann den Vanilleextrakt hinzufügen.

5. Die feuchten Zutaten zu den trockenen Zutaten geben und gut vermengen.

6. Den Teig in die vorbereitete Backform geben und glatt streichen.

7. Den Kuchen im vorgeheizten Ofen etwa 30-35 Minuten backen, oder bis ein Zahnstocher sauber herauskommt, wenn man ihn in die Mitte des Kuchens steckt.

8. Den Kuchen aus dem Ofen nehmen und etwa 10 Minuten in der Form abkühlen lassen, bevor er auf einem Kuchengitter vollständig auskühlt.

Genießen Sie diese köstlichen Haferflockenrezepte mit Papaya, Kokos, Feigen, Pistazien, Pflaumen, Ingwer, Sesam, Rosinen, Äpfeln, Kürbis, Beeren, Vanille, Espresso und Haselnüssen!

Schlusswort:

"Die kreative Haferflockenküche" lädt Sie ein, die grenzenlose Vielfalt der Haferflocken in Ihrer Küche zu entdecken. Mit 200 köstlichen Rezepten für Frühstück, Mittagessen, Abendessen und Snacks bietet dieses Buch nicht nur eine kulinarische Reise, sondern auch eine Reise zu Gesundheit und Wohlbefinden.

Die Autorin hat mit Hingabe und Kreativität eine Sammlung von Rezepten geschaffen, die nicht nur den Gaumen verwöhnen, sondern auch den Körper mit nährstoffreichen und ausgewogenen Mahlzeiten versorgen. Von herzhaften Hauptgerichten über erfrischende Snacks bis hin zu süßen Versuchungen ist für jeden Geschmack und jede Mahlzeit etwas dabei.

Die klaren Anleitungen, ansprechenden Bilder und die Vielseitigkeit der Rezepte machen dieses Buch zu einem unverzichtbaren Begleiter für alle, die ihre Kochkunst mit Haferflocken auf das nächste Level heben möchten. Es bietet nicht nur Inspiration für die tägliche Küche, sondern auch eine Brücke zu einer gesunden und genussvollen Ernährung.

Machen Sie sich bereit, Ihre kulinarischen Horizonte zu erweitern, und genießen Sie die Freude des Kochens mit Haferflocken. "Die kreative Haferflockenküche" ist mehr als ein Kochbuch – es ist eine Einladung zu einer gesunden und schmackhaften Lebensweise. Tauchen Sie ein, probieren Sie neue Rezepte aus und lassen Sie sich von der Vielseitigkeit der Haferflocken begeistern. Bon Appétit!

Impressum

2024

1. Auflage

Email: rafiasalam82@gmail.com